I0130110

DIALOGUES

DES

MORTS.

DIALOGUES DES MORTS

entre

PROUDHON ET COLINS.

— « Le XVIIIᵉ siècle, après avoir fait table rase de toutes les croyances religieuses, bases essentielles de despotisme, nous a légué LA LIBERTÉ.... de ne croire que ce que bon nous semble, c'est-à-dire : L'ANARCHIE.

Le XIXᵉ siècle, en basant l'ordre moral sur la démonstration scientifique de l'existence réelle, immatérielle, éternelle des âmes, inaugurera l'ère de la LIBERTÉ RÉELLE, qui n'est autre que la soumission volontaire à ce qui est ordonné par l'éternelle raison, l'éternelle justice, impersonnelle par essence.

A. HUGENTOBLER.

NEUCHATEL.

IMPRIMERIE G. GUILLAUME FILS.

— 1867 —

PRÉFACE.

Les œuvres de Proudhon jettent sur sa mémoire un éclat plus vif encore que pendant son existence ; il semble que sur cette tombe à peine fermée, toutes les haines, toutes les rancunes si longtemps amassées contre lui, se soient subitement apaisées d'un commun accord, pour faire place à l'admiration sans bornes de son talent si prodigieux et si fécond.

Certes, la critique d'un survivant devrait d'autant plus hésiter à se produire, que cette plume, désormais brisée, que cet héritage de gloire si vaillamment conquis, commandent à tout jamais le respect.

Mais nous avons de notre côté un mandat impérieux à accomplir ; nous devons veiller au précieux dépôt que COLINS, le regrettable mort de 1859, nous a confié ; maintenir haut et ferme le drapeau de ses doctrines, et ne pas laisser périr entre nos mains le fruit de quarante années de cette vie si bien remplie.

Tant que Proudhon a survécu à Colins, nous avons pu nous faire illusion et espérer le voir sortir de son mutisme, prendre part aux discussions soulevées par ses théories, accepter enfin le débat qui lui a été si souvent offert, et qu'il a constamment évité.

Aujourd'hui cette espérance ne nous est plus permise. Mais devons-nous croire à l'adoption du même système de la part de ses disciples ?

Nous pouvons supposer que, notamment dans les dernières années de sa vie, Proudhon a pu ne pas consentir à soustraire de ses brûlantes occupations le temps nécessaire à soutenir et entretenir une polémique avec Colins ; nous savons que c'était à ses propres yeux un adversaire redoutable, et d'autant plus tenace qu'il était plus convaincu, nous dirons même plus invulnérable ; nous admettons enfin toutes les circonstances qui ont pu être de véritables obstacles pour lui ; mais nous croirons difficilement que parmi ses nombreux partisans, disciples ou admirateurs, il ne s'en présente pas un seul qui veuille relever le gant si souvent offert par Colins, de son vivant, et que nous leur offrons encore aujourd'hui, en mémoire de Colins, à la mémoire de Proudhon.

Cessionnaire des œuvres imprimées de Colins et de ses manuscrits qui n'ont pas encore vu le jour, nous avons résumé dans le présent volume et sous la forme de dialogues des morts, la seule qui soit désormais possible entr'eux, les traits les plus saillants avec lesquels Colins a combattu et détruit les systèmes, les théories et les doctrines de Proudhon.

Cette publication, sans nuire à l'auréole de gloire qui entoure le nom de Proudhon, aura pour effet, nous l'espérons, de dissiper autour de celui de Colins, l'obscurité imméritée dans laquelle il est resté plongé jusqu'à ce jour.

Si notre désir d'un débat contradictoire vient à ne pas être trompé, si le gant que nous avons jeté au nom de Colins est relevé au nom de Proudhon, et en quelque forme que soit faite la réponse que pourra provoquer cet ouvrage, nous prenons l'engagement de prouver tout ce que nous avons affirmé et qui n'est à proprement parler que la reproduction de ce que Colins a écrit au sujet des œuvres de Proudhon.

Confident de ses pensées, nous tenons à honneur de ne pas nous en être écarté, et nous déclarons les adopter en entier.

Mais si, contre toute attente, notre critique devait rester sans réponse, nous faisons ici un appel suprême au public, certain que nous sommes qu'après lui avoir impartialement fourni les moyens de former son jugement en pleine connaissance de cause, lui du moins ne reculera pas devant la tâche de se prononcer entre ces deux adversaires.

A. HUGENTOBLER.

DIALOGUES DES MORTS

ENTRE

PROUDHON ET COLINS.

PREMIER DIALOGUE.

—

PROUDHON. — Je vois qu'il me sera impossible, cette fois, de refuser toute discussion avec vous ; je ne puis reculer davantage, ni éluder de répondre à vos critiques sous le prétexte qui me les a fait éviter jusqu'à présent, c'est-à-dire : *que je ne sais par quel bout vous prendre* ([1]).

([1]) Paroles textuelles prononcées par Proudhon lorsqu'il fut sollicité de rendre compte des ouvrages de Colins : Diable d'homme ! on ne sait par quel bout le prendre.

COLINS. — Je vous remercie d'une semblable condescendance, mais je n'en abuserai pas ; et comme vous avez certainement la conviction d'avoir toujours obéi à la voix de votre conscience, je me bornerai à vous soumettre mes observations au fur et à mesure de l'exposé que vous voudrez bien me faire de vos théories, comme si elles ne m'étaient pas connues ou comme si j'étais un de vos lecteurs les plus fascinés par votre incomparable bonne foi.

PROUDHON. — J'accepte ce mode de discussion ; par lequel de mes ouvrages voulez-vous commencer ?

COLINS. — Il me paraît naturel de donner la préférence à celui que vous avez publié lorsque j'étais encore en vie, c'est-à-dire, en état de discuter moi-même votre système. Je veux parler de votre ouvrage intitulé : « De la Justice dans la révolution et dans l'Eglise. »

PROUDHON. — Volontiers, et je vous avoue que votre critique de cet ouvrage m'a surpris dans un moment où j'étais tellement surchargé d'occupations, qu'il m'a été impossible de vous répondre comme je l'aurais fait, sans doute, si j'en avais eu le temps.

COLINS. — J'admets ce motif en ce qui concerne ma critique de 1859, mais du moins il n'en aurait pas dû être de même de ma lettre de juin 1858, exclusivement relative à la publication de votre ouvrage.

PROUDHON. — Je conviens de mon tort. Eh bien! commençons, si vous voulez, par cette lettre, et ce que nous dirons servira d'introduction aux divers sujets que j'ai traités dans ce travail.

COLINS. — Surtout n'oubliez pas qu'en vous réfutant alors, comme je vais le faire encore aujourd'hui, je conserve toujours la même opinion sur toutes les qualités qui vous ont valu de si unanimes et de si précieux éloges, et dont votre mémoire est encore l'objet parmi des hommes éminents de notre ancien globe. Je vous demande seulement de me permettre d'apporter dans mes objections la même franchise, au besoin la même crudité d'expression dont je me suis servi jadis.

PROUDHON. — Cette demande est bien

inutile aujourd'hui, isolés que nous sommes l'un et l'autre de tout ce qui autrefois pouvait froisser notre amour-propre et nous causer de l'irritation. L'avenir ne nous appartient plus, ou pour mieux dire, il ne dépend plus de nous ; et la postérité est désormais le seul juge de nos théories et de nos actes.

COLINS. — Mettons donc de l'ordre dans notre discussion et recommençons par ce que ma lettre vous reprochait.

PROUDHON. — Si je ne me trompe, votre critique a principalement porté sur ce que j'aurais mal défini la nature de l'homme ; sur ce qu'après avoir reconnu : « que lui seul était doué de liberté ; qu'il était un assemblage merveilleux d'éléments inconnus, solides, liquides, gazeux, pondérables et impondérables, d'essences inconnues, activité, sensibilité, volonté, instinct, mémoire, intelligence, amour. » (Proudhon, *De la Justice dans la Révolution*. T. II, p. 516), je n'aurais pas tiré de ces prémices là conclusion réellement rationnelle, réellement scientifique qui en découle, savoir : que pour être libre en

réalité et non pas seulement en apparence,
l'homme doit être composé d'une individualité immatérielle, c'est-à-dire, éternelle, unie à un organisme matériel, c'est-
à-dire temporel.

COLINS. — L'analyse que vous venez
de faire de mon objection est parfaite et
je ne saurais assez vous répéter que pour
pouvoir attribuer aux éléments que vous
avez énumérés un caractère de réalité, il
faudrait préalablement prouver l'existence
chez l'homme, d'une individualité immatérielle, sans quoi tous ces éléments ne
seraient que des propriétés de la matière,
et l'homme dans ce cas, et de votre propre aveu, ne serait pas libre.

Or, avant d'avoir fourni cette preuve,
il est impossible de distinguer la faculté
réelle de la faculté apparente, l'acte réel
de l'acte apparent, l'intelligence réelle de
celle qui n'est qu'illusoire, ce qui réduit
le groupe que vous donnez comme com-
posant l'homme, à n'être, scientifiquement
considéré, que matière. Donc, et logique-
ment, votre conclusion devrait être : *la
négation de la liberté.*

Ce serait du reste, conforme à vos propres déclarations, car dans d'autres ouvrages vous avez dit :

« Nous ignorons complétement ce que vous voulez dire par le mot âme, intelligence, esprit. »

« La philosophie sait aujourd'hui que tous ses jugements reposent sur deux hypothèses également fausses, également impossibles, et cependant nécessaires et fatales, la matière et l'esprit. »

« Tous tant que nous vivons, nous sommes sans nous en apercevoir et selon la mesure de nos facultés et la spécialité de notre industrie, des ressorts pensants, des poids-pensants, des roues pensantes, des pignons pensants, d'une immense machine qui pense aussi et qui va toute seule. »

N'est-ce pas là l'automatisme universel, le néant de liberté réelle ?

PROUDHON. — Nullement, et si vous continuez à suivre ma discussion, vous verrez que j'arrive au contraire à établir que la liberté est de l'essence de l'homme. Je dis en effet :

« Partout où il y a groupe, il se produit une résultante qui est la puissance du groupe, distincte non seulement des forces ou puissances particulières qui composent le groupe, mais aussi de leur somme, et qui en exprime l'unité synthétique, la fonction pivotale, centrale. Quelle est dans l'homme cette résultante ? — C'EST LA LIBERTÉ. *(Id. id.* T. ll, p. 516).

COLINS. — Je n'avais pas oublié cette conclusion de votre part; et comme elle ne détruit pas mon objection, qu'elle la fortifie au contraire, je pouvais espérer ne pas vous voir insister sur ce point. Puisqu'il en est autrement, permettez-moi d'établir en deux mots, que la base sur laquelle vous vous êtes appuyé étant fausse, les conclusions que vous en tirez ne peuvent qu'être fausses à leur tour.

La puissance d'un groupe ne peut être d'une autre nature que celle de tout ce qui le compose. Or, je le répète, tant que vous n'aurez pas prouvé que ce groupe renferme une puissance réelle, c'est-à-dire une individualité immatérielle, votre résultante, selon vous-même, ne pourra être considérée que comme une résultante de forces, une résultante purement matérielle.

Et c'est en partant de cette étrange théorie sur la liberté, qui, permettez-moi de le dire, n'est rien moins que scientifique, que vous arrivez à conclure, que la religion est incompatible avec l'existence de la morale !

Comme si ces trois choses : liberté, morale et religion réelle, n'étaient pas indissolublement liées entr'elles , c'est-à-dire inséparables ?

PROUDHON. — Je vois bien que vous voulez me forcer à discuter avec vous la nécessité de la doctrine religieuse à l'inauguration de laquelle vous avez consacré votre vie toute entière et à laquelle vous avez donné le nom de religion réelle. Peut-être aurais-je dû me livrer plutôt à cet examen, et aurais-je alors partagé vos convictions ; peut-être eût-il mieux valu pour moi consacrer tous mes instants à cette étude, que de me livrer à une recherche de la vérité que je suis bien forcé de reconnaître aujourd'hui

comme étant restée tout aussi stérile que
celles de tous les philosophes qui m'ont
précédés dans cette voie ; et ce, faute
d'un point de départ rationnellement incontestable.

Je vous écoute donc avec toute l'atten-
lion que comporte un pareil sujet.

COLINS. — Je reconnais dans cette déclaration l'incontestable bonne foi qui a
toujours subsisté en vous, malgré toutes
vos erreurs et toutes les contradictions
qui en ont été la conséquence inévitable.

La démonstration que vous me de-
mandez de vous faire était contenue dans
ma lettre de juin 1858. Il me suffira de
la reproduire textuellement pour satis-
faire votre désir, et vous verrez qu'en
partant des mêmes prémices que vous-
même, j'arriverai en marchant droit devant moi, comme disait la Romiguière, à
une conclusion diamétralement opposée
à la vôtre, et ne perdez surtout pas de
vue que ce que je vais vous dire est le
résultat de mes œuvres quant à la partie
morale de la société. Ecoutez donc :

2

« La religion est le lien des actions d'une vie à une autre vie.

« Pour que la religion ait une existence réelle, il faut donc que chez l'homme il y ait réellement des actions, c'est-à-dire que ce qui nous paraît être des actions réelles, ne soit point de pures fonctions.

« Quelles sont vis-à-vis de la raison, seul juge possible pour ceux qui ne sont pas mystiques, individus dont la doctrine rationnelle n'a pas à s'occuper, quelles sont, dis-je, les conditions absolument né-cessaires pour que, chez l'homme, il y ait des actions réelles, et non pas seule-ment des fonctions ?

« La condition, *sine qua non*, est qu'il y ait chez l'homme un acteur réel, et non pas seulement un acteur apparent, phé-noménal, qui ne soit que la résultante de forces étrangères à l'homme.

« Et quelles sont les conditions néces-saires, absolument nécessaires, vis-à-vis de la raison, pour que chez l'homme il y ait un acteur réel, un acteur qui ne soit pas seulement apparent et qui ne serait que la résultante de forces étrangères à l'homme?

« Il y a deux cas, exclusivement deux cas, où chez l'homme l'acteur est nécessairement apparent, phénoménal, et n'est que la résultante de forces qui lui sont étrangères.

« Il n'y a qu'un cas possible pour que l'acteur soit réel et non pas seulement apparent, phénoménal.

« Si l'homme est créé, s'il est le vase de terre dont le Créateur est le potier, l'homme selon St-Paul, selon St-Augustin, selon la plupart des théologiens, selon tous les philosophes, Descartes en tête, l'homme, dis-je, n'est pas libre ; chez lui la raison réelle, qui implique liberté réelle, n'est que phénoménale, apparente; il n'est que la résultante du Dieu Créateur, de l'Etre des Etres, de l'Etre alors unique en réalité, le reste n'étant qu'apparence, que phénomène. Dans ce cas l'homme n'est qu'une machine.

« Si le Dieu matière, existe uniquement; si l'homme est le résultat de la matière ; l'homme selon tous les philosophes qui n'ont pas été ou mystiques ou hypocrites, l'homme dis-je, n'est pas libre; chez lui la raison n'est que phénoménale, n'est qu'apparente; il n'est alors que la résultante du Dieu matière, de l'Etre des Etres, de l'Etre alors unique, et encore d'un Etre exclusivement phénoménal; la réalité appartenant à l'individualité réelle et la matière, étant au contraire divisible par essence.

« Dans ce cas, comme dans le premier, l'homme n'est donc encore qu'une machine, avec une apparence de raison, avec une apparence de liberté.

« Pour que chez l'homme il puisse y avoir un acteur réel, pour que chez lui il puisse y avoir raison réelle, liberté réelle; pour que chez lui il n'y ait point exclusivement fonction, pour qu'il ne soit pas exclusivement une machine, une résultante soit des forces du Créateur, soit des forces de la matière; il faut donc vis-à-vis de la raison, que chez lui il y ait un acteur réel, un acteur indépendant du créateur, un acteur indépendant de la matière, c'est-à-dire un acteur ÉTERNEL, ABSOLU, IMMATÉRIEL.

« Cet acteur réel, éternel, absolu, immatériel, qui seul peut rendre la raison réelle, la liberté réelle ; qui seule peut faire que l'homme ne soit pas une machine, appelons-le AME, sans savoir encore si l'âme existe en réalité.

« Et chez l'homme, que peut être l'âme si elle existe en réalité ; l'âme qui seule peut être base de raison réelle, de liberté réelle ; l'âme qui seule peut faire que l'homme ne soit pas une machine ?

« L'âme qui seule peut être base de raison réelle, de liberté réelle ; l'âme qui doit être éternelle, absolue, immatérielle, ne peut être que la SENSIBILITÉ, hors laquelle ni raison, ni liberté, ne peuvent exister.

« Et que faut-il pour que, vis-à-vis de la raison, la sensibilité soit démontrée être éternelle, absolue, immatérielle ?

« Il faut prouver précisément le contraire de ce que prétend prouver la prétendue science actuelle, qui rend la sensibilité temporelle, relative à l'organisme, à la matière, par conséquent purement matérielle.

« Et comment la prétendue science actuelle, essentiellement matérialiste, ainsi que je l'ai démontré surabondamment dans mon premier volume de la *Science sociale*, comment cette science prétend-elle prouver que la sensibilité est une résultante d'organisme, une résultante de la matière ?

« En prétendant prouver que la sensibilité est existante, est répandue sur toute la série des êtres. Et, en effet, si cette proposition était démontrée d'une manière scientifique, en réalité et non en apparence, nul doute que le matérialisme ne fût VÉRITÉ. Mais, alors, adieu raison réelle, adieu liberté réelle ; l'homme, alors, n'est plus qu'une machine ; et alors aussi cette vérité serait le néant de réalité.

« La science sociale prouve d'une manière rationnellement incontestable :

« Que la sensibilité réelle existe exclusivement chez l'homme et que par conséquent elle est ÉTERNELLE, ABSOLUE, IMMATÉRIELLE ;

« Que, par conséquent aussi, la raison

réelle, la liberté réelle, existe exclusivement chez l'homme ;

« Que, par conséquent encore, il y a
chez l'homme DES ACTIONS RÉELLES, et
que partout ailleurs il n'y a que FONC-
TIONS ;

« Que, par conséquent enfin, la religion
réelle ou le lien des actions d'une vie à
une autre vie peut exister.

« Voyons si la religion réelle existe.

« L'âme ou la sensibilité réelle étant
éternelle, absolue, immatérielle ; étant le
sine qua non de raison réelle, de liberté
réelle ; l'âme en sa qualité d'immatérielle,
ne peut raisonner, ne peut être libre,
qu'unie à un organisme matériel qui puisse
la modifier et recevoir les modifications
extérieures ; organisme sur lequel l'âme
puisse également agir dans des circonstances données ; modifications et actions
qui constituent la raison réelle, la liberté
psychologique réelle.

« Dès lors, il y a chez l'homme deux
tendances, l'une d'organisme ou de passion, l'autre d'intelligence ; intelligence
composée de la sensibilité immatérielle ;

unie à un organisme matériel, tendance
de raison. Et c'est la puissance pour l'âme
de choisir entre ces deux tendances, qui
constitue la liberté des actions, la liberté
morale. Hors de l'immatérialité des âmes
il n'y a donc de possible cnez l'homme,
que raison illusoire, que liberté psychologique illusoire, que liberté morale illusoire.

« Dès que l'existence de la raison est
démontrée scientifiquement être ÉTER-
NELLE, l'ordre moral, c'est-à-dire, l'ordre
de liberté, existe réellement; et l'expression de cet ordre est : la conformité à
l'ÉTERNELLE RAISON, qui, sous le rapport
de la sanction des actions prend le nom
d'ÉTERNELLE JUSTICE.

« La conformité à l'éternelle raison, est
que des âmes éternelles qui ne peuvent
exister dans le temps qu'unies à des organismes, passent éternellement d'un organisme à un autre.

« La conformité à l'éternelle raison, qui
prend alors le nom d'éternelle justice, est
que des actions réelles, librement accomplies en réalité, soient punies ou récom-

pensées. selon qu'elles auront été accomplies contrairement ou conformément à la raison, à la conscience de chacun ; par conséquent que les actions qui n'auront pas été punies ou récompensées dans la vie où elles ont été accomplies, soient punies ou récompensées dans une vie postérieure. Il en résulte également que toute souffrance ou jouissance éprouvée dans cette vie résulte d'actions accomplies contrairement ou conformément à la raison, à la conscience dans une autre vie, si elle ne résulte d'actions accomplies dans cette vie actuelle. « *Cette éternelle harmonie entre la liberté des actions et la fatalité des événements,* » rendue scientifiquement incontestable, vis-à-vis de la raison, est la démonstration de la réalité de la religion, de la réalité de l'ordre moral.

« Mais, comme l'ordre,. vie sociale, ne peut exister que basé sur la raison, sur le droit, sur une justice supérieure à la force et par conséquent éternelle ; et comme cette base ne peut être que socialement démontrée réelle par la SCIENCE ou que socialement acceptée comme réelle par une FOI, tant que la démonstration reste scientifiquement impossible, la société, c'est-à-dire, les plus forts dans la société sont obligés, tant que la démonstration reste impossible, de supposer que la raison, le droit, la justice éternelle existent en réalité et de faire accepter socialement cette hypothèse en s'emparant de l'éducation, en soumettant toute instruction à cette éducation et en basant cet ensemble sur une inquisition, pour empêcher l'examen de l'hypothèse, examen qui renverse nécessairement toute hypothèse, tant qu'une démonstration réellement scientifique ne transforme pas cette hypothèse en vérité. Or, l'anéantissement de cette hypothèse, tant que la science n'en démontre pas la réalité, n'est autre que l'anéantissement de l'ordre, vie sociale, c'est-à-dire, l'anéantissement de l'humanité.

« L'imprimerie et les connaissances qu'elle a développées sont venues détruire socialement toute possibilité de comprimer l'examen.

« L'imprimerie serait donc venue causer la mort sociale, la mort de l'humanité, si l'anarchie qu'elle doit causer ne portait nécessairement à rechercher les moyens de démontrer, par la science réelle, ce que la nécessité sociale avait obligé d'établir sur la foi.

« *La science sociale* que je publie, est l'exposition de cette démonstration. Je n'ai en cela que le mérite de m'en être occupé avec constance et pendant une longue vie. Mille autres l'auraient fait comme moi, si comme à moi la nécessité de cette exposition leur avait été démontrée.

PROUDHON. — Vous venez de me fortifier dans ma conviction d'autrefois, c'est que vous procédez avec un enchaînement d'idées et de raisonnements tel, que pour vous réfuter, je le répète, on ne sait vraiment par quel bout vous prendre.

Néanmoins, je ne désespère pas, lors de notre première rencontre, et en recourant à l'arsenal de mes anciennes publications, d'y trouver les armes nécessaires pour saper par la base tous les arguments dont vous vous êtes servi pour établir la doctrine que vous venez de m'exposer.

DEUXIÈME DIALOGUE.

—

PROUDHON. — J'avais hâte de me re-
trouver avec vous, non pas pour préten-
dre que votre théorie est défectueuse,
puisque malgré tous mes efforts, je n'ai
rien pu trouver à lui objecter; mais seulement pour vous dire, qu'elle ne me paraît pas destinée à apporter, dans son
application, un remède efficace aux maux
sans nombre qui affligent l'humanité.

COLINS. — Voyons, ne tergiversons pas,
et avant d'aller plus loin, convenez avec
moi qu'il ne s'agit pas ici d'une simple
théorie, mais bien d'une vérité incontestable, d'une vérité nécessaire à l'existence
de l'ordre moral qui est l'ordre de liberté,
celle que les âmes, bases de raison, de

droit, de justice, sont immatérielles, éternelles, absolues.

PROUDHON. — Et quand même j'en conviendrais, à quoi cela avancerait-il l'humanité? Pensez-vous que cette vérité soit une panacée universelle?

COLINS. — En fait d'organisation sociale, assurément je le pense. Et qui sait si vous-même, un jour, ne penserez pas aussi comme moi? Quoi qu'il en soit, et, pour en revenir à ce qui vous concerne, veuillez s'il vous plaît continuer, ainsi que nous en sommes convenus dès le début, à me faire l'exposé de vos propres théories, afin que je puisse m'assurer si votre ouvrage *De la Justice*, écrit dans le but de reconnaître la réalité et l'intensité du mal social, d'en assigner la cause et d'en découvrir le remède, renferme par hasard une panacée préférable à la mienne.

PROUDHON. — Soit. Voici d'abord ce que j'ai exposé sur la réalité et l'intensité du mal social :

« Nous sommes arrivés de critique en critique à cette triste conclusion : que le juste et l'injuste dont nous pensions jadis

avoir le discernement, sont termes de con-
vention vagues, indéterminables. Que tous
ces mots de droit, devoir, morale, vertu,
etc:, etc., dont la chaire et l'école font
tant de bruit, ne servent à couvrir que de
pures hypothèses, de vaines utopies, d'in-
démontrables préjugés ; qu'ainsi la pratique de la vie, dirigée par je ne sais
quel respect humain, par des convenan-
ces, est au fond arbitraire ; que ceux qui
parlent le plus de justice prouvent de reste,
et par l'origine surnaturelle qu'ils lui as-
signent, et par la sanction ultramondaine
qu'ils lui donnent, et par le sacrifice qu'ils
n'hésitent jamais d'en faire aux intérêts
établis, et par leur propre conduite, combien peu leur foi est sérieuse ; qu'ainsi la
vraie boussole des rapports de l'homme à
l'homme est l'égoïsme, en sorte que le plus
honnête, celui dont le commerce est le
plus sûr, est encore celui qui avoue avec
le plus de franchise son égoïsme, parce
que du moins un tel homme ne vous prend
pas en traître, etc. etc.

« Pour tout dire d'un mot, le scepticisme, après avoir dévasté religion et po-

litique, s'est abattu sur la morale, C'EST
EN CELA QUE CONSISTE LA DISSOLUTION
MODERNE. »   .   .   .   .

.   .   .   .

  « Sous l'action desséchante du doute et
sans que le crime soit peut-être devenu
plus fréquent, la vertu plus rare, la moralité française au for intérieur est dé-
truite. Il n'y a plus rien qui tienne, la
déroute est complète. Nulle pensée de
justice, nulle estime de la liberté, nulle
solidarité entre les citoyens. Pas une institution que l'on respecte, pas un principe qui ne soit nié, bafoué. Plus d'autorité ni au spirituel ni au temporel ; partout
les âmes refoulées dans leur moi, sans
point d'appui, sans lumière. Nous n'avons
plus de quoi jurer, ni par quoi jurer ;
notre serment n'a pas de sens. La suspi-
cion qui frappe les principes s'attachant
aux hommes, on ne croit plus à l'intégrité
de la justice, à l'honnêteté du pouvoir ;
avec le sens moral, l'instinct de conserva-
tion lui-même paraît éteint. La direction
générale livrée à l'empirisme, une aristo-
cratie de bourse se ruant, en haine des

partageux, sur la fortune publique; une
classe moyenne qui se meurt de poltron-
nerie et de bêtise ; une plèbe qui s'affaisse
dans l'indifférence et les mauvais conseils ;
la femme enfiévrée de luxe et de luxure,
la jeunesse impudique, l'enfance vieillotte,
le sacerdoce enfin déshonoré par les scandales et les vengeances, n'ayant plus foi,
en lui-même et troublant à peine de ses
dogmes morts-nés le silence de l'opinion;
tel est le profil de notre siècle.

« Les moins timorés le sentent et s'en
inquiétent.

— « Il n'y a plus de respect, me disait
un homme d'affaire. Comme cet empereur
qui se sentait devenir dieu, je sens que je
deviens fripon, et je me demande à quoi
je croyais quand je croyais à l'honneur?

— « Le *spleen* me gagne, avouait un
jeune prêtre.

« Lui qui, par ses fonctions, par sa foi,
par son âge, eût dû être à l'abri de ce
mal anglais, sentait en son cœur s'affais-
ser la vie morale.

« Est-ce là une existence? Ne dirait-on
pas plutôt une EXPIATION? Le bourgeois

expie, le prolétaire expie, le pouvoir lui-
même, réduit à ne gouverner que par la
force, expie. »

(Id. id., T. I, p. 2 à 4.)

COLINS. — Il serait certes difficile d'être
plus éloquent que vous ne l'avez été dans
cet exposé de la réalité et de l'intensité du
mal social, et je me demande comment il
est possible qu'après avoir fait une pein-
ture aussi saisissante de cette expiation
générale, vous n'ayez pas songé à remon-
ter à sa véritable cause. Alors qu'un si
grand nombre d'individus sont innocents
de tout crime commis pendant cette vie
actuelle. comment ne pas voir que cette
expiation, sous peine de non existence
d'ordre moral, doit nécessairement porter
sur lès actes d'une vie antérieure ? Il est
vrai que votre thème favori est la négation de toute vie soit antérieure, soit postérieure ; mais alors, et puisque vous vous
bornez à interpréter les apparences, les
phénomènes, sans nullement vous inquié-
ter des réalités, vous devriez au moins
rester logique dans votre erreur et ne pas

parler d'expiation qui ne peut être relative qu'à une sanction ultra-vitale, sanction que vous répudiez comme incompatible avec l'existence de l'ordre, et à propos de laquelle cependant vous vous êtes écrié dans un de vos précédents ouvrages :

« Que je recevrais avec amour, que j'embrasserais avec transport cette consolante utopie, s'il était possible, je ne dis pas de m'en faire voir quelque chose, mais seulement de la rendre accessible à la raison. »

Eh bien ! Cette perception rationnelle d'autres vies, nécessaire au bonheur de chacun, puisqu'elle est la base de l'ordre, au sein de soi-même ; nécessaire au bonheur de tous, parce qu'elle est la base de l'ordre au sein de la société, je vous l'ai rendue évidente à votre propre raison ; vous n'avez pu la combattre par aucune objection, et cependant vous n'avez pas fait éclater ces transports de joie qui m'auraient rendu moi-même si heureux de votre bonheur.

Proudhon. — Si vous ne me permettez pas de continuer l'exposition de mon sys-

tème tout entier et si à chaque instant je
devais être mis en demeure d'opter entre
ce qui constitue ma conviction et la vôtre,
il deviendrait d'autant plus difficile de nous
entendre, que chacun de nous s'isolerait
davantage de l'autre.

COLINS. — Excusez mon impatience,
et soyez assez bon pour me faire connaître la cause du mal dont vous avez dé-
crit l'intensité avec tant de vérité.

PROUD'HON. — Ne le devinez-vous pas?
c'est l'Eglise.

COLINS. — Comment l'Eglise?

PROUDHON. — Oui, sans doute ; l'E-
glise, c'est-à-dire la religion ou la sanction ultra-vitale, considérée comme base
d'ordre et de morale, puisque toute religion, toute sanction ultra-vitale est nécessairement basée sur un anthropomorphisme quelconque.

COLINS. — Permettez ! Dans ce cas-là
même, votre reproche me semblerait injuste, car ce n'est pas à la religion qu'il
faudrait alors attribuer le désordre actuel,
mais à l'examen qui aurait rendu la croyance en la réalité de la religion une

simple hypothèse, ou même, dans certaine hypothèse, une absurdité.

PROUDHON. — Expliquez-vous, je ne vous comprends pas.

COLINS. — Cela est pourtant bien simple. Tant que l'examen a pu être comprimé, la croyance en la religion, en la sanction ultra-vitale, a été acceptée par tous les peuples comme base d'ordre et de morale ; vous en êtes convenu vous-même en dix endroits de votre ouvrage, et en mille endroits de vos travaux antérieurs. Ce n'est donc pas la religion qui est la cause du mal social, c'est l'examen aussitôt qu'il est devenu incompressible, et ce mal ne cessera pas de se perpétuer aussi longtemps que votre proposition affirmant que toute sanction ultra-vitale est incompatible avec l'existence de l'ordre ne sera pas tenue pour *une palpable erreur ;* ou encore, aussi longtemps que la réalité de la sanction ultra-vitale et sa nécessité comme base d'ordre ne sera pas socialement admise comme étant *une incontestable vérité.*

PROUDHON. — Vous omettez mon ar-

gument principal, c'est que toute religion, toute sanction ultra-vitale est nécessairement basée sur un anthropomorphisme quelconque.

COLINS. — Etes-vous bien certain de
ce que vous avancez-là ? Ne perdez pas
de vue que le seul doute à cet égard rendrait votre argument non-seulement illogique, mais encore essentiellement anar-
chique.

PROUDHON. — Je vous avoue qu'avant
d'avoir eu connaissance de vos idées sur
la religion réelle, c'est-à-dire sur la sanction ultra-vitale exclusivement basée sur
l'éternité des âmes, je ne pouvais croire
à la possibilité d'une religion sans anthropomorphisme; mais avant d'apprécier leur
valeur, ne jugez-vous pas qu'il soit plus
convenable de continuer à vous exposer
les miennes sur la cause du mal social?

COLINS. — Je vous écoute avec la plus
grande attention.

PROUDHON. — Voici la suite de mon
exposition :

« On préconise la raison, mais en con-
servant une estime plus grande encore

pour la FOI...... On loue la justice, mais, on met au dessus d'elle l'amour. Nos gens de lettres, femmes et hommes résument la philosophie sociale en trois mots : Crois, aime, travaille.

« J'affirme quant à moi le travail, mais je fais toute réserve contre l'amour et JE REPOUSSE LA FOI.

« L'amour, quand il n'est pas l'esclave du droit est le poison des âmes et le dévastateur de la société. Pour ce qui est de la FOI, je le répète, il n'y en a pas d'autre que celle qui a engendré l'Eglise.

(Id. id. T. I, p. 33).

COLINS. — Ajoutez : anthropomorphiste et panthéiste au mot Eglise, et nous serons parfaitement d'accord.

PROUDHON. — Soit. J'ai dit encore en parlant de la justice :

« Cette science n'est possible qu'à la condition de se séparer entièrement de la FOI, qui loin de la servir la détruit. » (Id. id. T. I, p. 87).

Ailleurs aussi : « Il y a donc avantage à se demander de prime abord si la RAISON théologique n'est pas la négation de la RAISON juridique *et vice-versâ.* » *(Id. id.* T. I, p. 30 à 31).

COLINS. — N'auriez-vous pas mieux rendu votre pensée en substituant au mot RAISON celui de FOI, puisqu'à vos yeux comme aux miens, tant que la réalité de la raison n'est pas incontestablement démontrée, cette réalité n'est elle-même qu'une croyance, qu'une foi; et la plus trompeuse de toutes celles qui peuvent existerʔ

PROUDHON. — Pour l'amour du bon Dieu ! Où prétendez-vous arriver avec ces continuelles interruptions sur chaque motʔ Est-ce à me faire reconnaître en détail ce que je ne veux pas accepter en blocʔ Le moyen me paraîtrait puéril et indigne d'une intelligence comme la vôtre. Laissez-moi donc continuer mon argumentation sans nouvelles entraves; sauf, bien entendu, à me réfuter ensuite tout à votre aise, si vous le jugez possible, et aussi longuement que bon vous semblera.

COLINS. — J'ai tort, continuez.

PROUDHON. — J'arrive à la partie la

plus importante de mon travail : celle qui a trait à l'exposition du remède social.

« Pour former une famille, pour que l'homme et la femme y trouvent la joie et le calme auxquels ils aspirent, sans lesquels rapprochés par le désir, ils ne seront jamais complétement unis, il faut UNE FOI CONJUGALE. » *(Id. id*, T. 1, p. 5).

COLINS. — Hein ! Que dites-vous là ?

Après avoir déclaré toute FOI subversive de l'ordre, voilà que vous admettez comme premier remède, c'est-à-dire, comme base d'ordre social : *la foi conjugale !*

PROUDHON. — Mais laissez-moi donc continuer.

« J'entends par là une idée de leur mutuelle dignité, qui les élevant au-dessus des sens, les rend l'un à l'autre encore plus sacrés que chers et leur fasse de leur communauté féconde, une religion plus douce que l'amour même.

COLINS. — Pour le coup, je n'y tiens plus. Comment ! Ce n'était pas assez de présenter une foi, la foi conjugale, comme premier remède aux maux de l'humanité,

bien que précédemment vous eussiez déclaré que toute foi était subversive de
l'ordre et incompatible avec l'existence de
la morale ; voici que maintenant vous ima-
ginez une religion plus douce que l'amour,
vous qui avez proclamé que la religion
était la source de tous les maux ! Pourriez-vous m'expliquer cette double contradiction ?

PROUDHON. — Je n'employe pas ces
deux expressions dans le sens mystique
qu'on leur donne communément et vous
me chicanez d'autant plus mal à propos à
leur sujet, que vous-même n'avez pu vous
méprendre sur la véritable signification
que je leur attribue ; au surplus, comme
ce n'est encore que le premier point de
ma proposition, vous m'obligeriez de vouloir bien réserver vos critiques, pour le
moment où je vous l'aurai fait connaître
tout entière. Jusqu'à présent je n'ai entendu qu'une chicane de mots. Je continue
donc :

« De même pour former une société,
pour donner aux intérêts des personnes
et des familles la sécurité qui est leur

premier besoin, sécurité sans laquelle le travail se refuse, l'échange des produits et des valeurs devient escroquerie, la richesse un guet-apens pour celui qui la possède, il faut une FOI JURIDIQUE.

(Id., id., T. I, p. 6.)

COLINS. — Et de deux.

PROUDHON. — « Qui élevant les âmes au-dessus des appétits égoïstes, les rende plus heureuses du respect du droit d'autrui que de leur propre fortune. Sans cela, la société devient une mêlée où la loi du plus fort est remplacée par la loi du plus fourbe; où l'exploitation de l'homme succède au brigandage primitif ; où la guerre a pour dernier mot la servitude, et la servitude pour garant la tyrannie. »

(Id., id., T. I, p. 6.)

COLINS. — Bravo, bravissimo !

PROUDHON. — « De même encore, pour former un Etat, pour conférer au pouvoir l'adhésion et la stabilité, il faut une FOI POLITIQUE. »

(Id., id., T. I, p. 6.)

COLINS. — Et de trois ! !

PROUDHON. — « Sans laquelle les ci-.

toyens livrés aux pures attractions de l'in-
dividualisme; ne sauraient, quoi qu'ils fassent, être autre chose qu'un agrégat d'exis-
tences incohérentes et répulsives, que
disperserait comme poussière le premier
souffle.

« N'avons nous pas vu depuis la révolution assez de défections et de palino-
dies ?

« Comment un pouvoir subsisterait-il,
quand le mépris a envahi les âmes ; quand
ministres, sénateurs, magistrats, généraux, prélats, fonctionnaires, armée, bour-
geoisisme et plèbe, sont aussi prompts à
changer de prince, que le mobilier de la
couronne.

« N'est-ce pas déchéance que ce man-
que de foi à la vertu du prochain et à la
nôtre qui, nous retenant à l'état de guerre
latente, nous rend bon gré mal gré indifférents à la cité, à la patrie, insoucieux
des intérêts généraux et de la postérité ?

« La certitude du droit et du devoir
abolie dans le cœur de l'homme, la société expire donc. Comme nul ne saurait
être honnête avec la conviction intime de

sa scélératesse, de même nulle société ne saurait subsister avec l'opinion devenue générale qu'elle se compose en haut et en bas de canaille. »

(Id., id., T. I, p. 6 et 7.)

COLINS. — Certes si la triple foi présentée par vous comme remède social n'est pas acceptée d'emblée, ce ne sera pas faute d'élégance dans la forme ; je dirai même que si cette précieuse qualité devait suffire à elle seule pour amener la conviction dans mon esprit, j'aurais de la peine à ne pas me laisser gagner complétement.

Malheureusement j'ai trop souvent été victime de mes entraînements pour y céder encore, avant d'avoir passé votre système au creuset de la raison.

Or, si vous avez dit ailleurs avec une parfaite justesse : « *foi et science sont incompatibles,* » votre triple foi sera triplement incompatible avec la science ; par suite, votre remède social ne sera, suivant vous même, qu'une panacée basée sur l'idéal, - sur la folie, non sur la science.

Les idées, les croyances, les folies que l'on admet comme vérités, non-seulement sur ce qui n'est pas démontré vérité, mais encore sur ce qui est démontré absurde, sont dans leur ensemble du véritable mysticisme ; or, en fait de vérités non démontrées, vous me paraissez être aussi mystique, aussi crédule, que peut l'être l'adepte le plus fanatique d'une foi quelconque, anthropomorphique ou panthéistique ; témoin vos ouvrages qui tous, sans une seule page d'exception, ne sont autre chose qu'une continuelle profession de foi irréligieuse, c'est-à-dire de mysticisme panthéistique.

Ppoudhon. — Je proteste contre cette appréciation de mes écrits et je vous défie d'en prouver l'exactitude.

Colins. — Pour cela, il ne me faudra pas aller bien loin. Rappelez-vous seulement votre phrase déjà citée :

« Tous tant que nous vivons, nous sommes sans nous en apercevoir et selon la mesure de nos facultés et la spécialité de notre industrie, des ressorts pensants, des roues pensantes, des pignons pensants, des poids pensants, d'une immense machine qui pense aussi et qui va toute seule. »

Direz vous que ce n'est pas là du matérialisme pur, c'est-à-dire du mysticisme irréligieux ?

Vous affirmez : tantôt que l'homme est réellement libre ; tantôt qu'il n'est qu'une machine. N'est-ce pas affirmer et nier à la fois la même chose ? N'est-ce pas de l'idéal, de la folie ? Il est vrai que vous avez cherché à concilier ces déclarations contradictoires en leur donnant lé nom d'antinomie.

Et moi je dis, et je ne cesserai de répéter, que c'est tout simplement du mysticisme irréligieux, émanant de la pire espèce de foi qui puisse exister : *la foi matérialiste.*

PROUDHON. — Brisons là-dessus pour aujourd'hui, voulez-vous ? Je crains que cette discussion sur le mysticisme ne nous entraîne trop loin. Dans notre prochaine conférence, je verrai s'il m'est possible, au moyen de plus amples explications, de vous faire concevoir de ma triple foi

une opinion moins défavorable que celle
que vous venez d'exprimer ; opinion que
vous me permettrez de ne pas considérer
comme définitive et sans appel.

COLINS. — A votre aise, Monsieur.
Prouvez-moi, à votre tour, que je vous
ai mal compris, et à l'instant même je
vous ferai justice en confessant mon erreur.

TROISIÈME DIALOGUE.

—

PROUDHON. — Jusqu'ici vous n'avez attaqué que la partie théorique de mon ouvrage. Et cependant, avant même de le connaître dans tous ses développements, vous en êtes arrivé à imputer au mysticisme mon plan de régénération sociale tout entier. Ne pensez-vous pas vous être trop avancé ? car j'ai toujours de lui la même bonne opinion, et la méthode dont je me suis servi pour le faire accepter est encore à mes yeux la seule rationnelle, la seule scientifique.

COLINS. — En vous voyant résolu à suivre avec une aveugle confiance la méthode que vous avez adoptée, je ne puis m'empêcher d'éprouver une crainte, c'est

qu'il nous soit extrêmement difficile de
parvenir à nous entendre et surtout à rester longtemps d'accord sur la valeur à
accorder à des arguments émanant d'une
base évidemment fausse.

Quant au reproche que vous m'adres-
sez, j'avoue qu'il m'a été impossible de
ne pas imputer au mysticisme, qui a des
réponses prêtes, des explications péremptoires sur toutes choses, les nombreuses
contradictions dans lesquelles vous êtes
tombé en parlant de la foi.

Si, en effet, vous avez commencé par
dire en *faveur de la foi:*

« L'homme qui possède la foi est vraiment heureux, il ne doute de rien, il a
sur toutes choses des réponses prêtes, des
explications péremptoires. »

(Id. id., T. I, p. 361.)

Si vous avez ajouté ensuite :

« Qui pourrait vivre dans une société
d'où toute foi serait bannie. »

(Id. id., T. II, p. 403.)

Et si, par suite, vous vous êtes em-
pressé de baser votre révélation sur une

4

triple foi, afin sans doute qu'il y en eut pour tout le monde ;

D'autre part, vous n'avez pas été moins explicite *contre la foi ;* et ce, dans le même ouvrage où elle a été préconisée en termes généraux lorsqu'elle était simple, et recommandée en termes spéciaux lorsqu'elle était triple.

Vous avez dit en effet :

« Qui protège le christianisme contre les déchéances de la foi?... Ce qui est sûr, c'est que la foi étant de toutes les choses la plus fragile, la plus légère, la plus inconstante, la plus précaire, *modicœ fidei,* disait sans cesse le Christ aux Apôtres, le gouvernement de la foi est, par nature, le plus immoral des gouvernements. Favoritisme, népotisme, pots de vin, concussions, vénalités, gaspillage, désordre, oppression, déni de justice, voilà quels sont avec l'absolutisme du commandement, l'inclémence de l'autorité, l'inquisition des consciences, la justice secrète, les éléments de tout pouvoir établi sur la foi, dépourvu par conséquent de formes et de garanties.» (Id. id., T. I, p. 426 et 427.)

Ailleurs vous avez dit encore :

« Ici comme partout la foi commence par mettre l'homme en contradiction avec la morale. »

(Id. id., T. II, p. 75.)

Et enfin :

« La philosophie partout où elle se montre, est le mouvement extra-religieux de l'esprit, la marche vers la science, objet étranger à la foi. »

(Id. id., T. II, p. 8.)

Or, pour avancer avant tant d'assurance de pareilles antinomies, il faut évidemment que vous vous soyez imaginé, en votre qualité de mystique : que la foi en l'irréligion équivalait à une démonstration et que rien alors ne vous enpêchait de dire alternativement blanc et noir sur le même sujet.

PROUDHON. — Je vous ai écouté avec patience et sans vous interrompre, alors qu'une simple définition aurait suffi pour expliquer ma pensée, sans qu'il soit besoin de l'imputer au mysticisme.

Permettez-moi donc de dire :

Que le mot *foi* pris dans un sens gé-

néral et sans aucune autre désignation,
signifie toujours à mes yeux : foi religieuse, foi imposée par un anthropomorphisme quelconque ; en ce sens la foi
est repoussée énergiquement par moi, et
doit l'être par la société toute entière.

Quant à une foi spéciale, elle est à mes
yeux synonyme de confiance et pas autre
chose ; elle exclut toute idée de contrainte,
soit morale, soit matérielle ; elle ne peut
naître et persister que comme conséquence d'un accord réciproque entre ceux
qui la partagent; elle doit cesser au contraire d'être un lien, dès que l'une des
parties ne possède plus cette confiance.

Appliquez maintenant cette définition à
la triple foi que j'ai posée ou conseillée,
pour mieux dire, comme base de régénération sociale, et vous verrez si la répugnance que m'inspire la foi religieuse, ne
me permet pas au contraire d'adopter
chacuné de ces fois spéciales comme constituant dans leur ensemble un remède
souverain aux maux qui affligent l'humanité.

Foi conjugale, affection réciproque en-

tre deux époux, et confiance en chacun
d'eux partagée par l'autre, servant de
base à la famille et permettant son éducation sous l'empire d'un sentiment commun ;

Foi juridique, basée sur la confiance,
partagée par le juge et le plaideur, dans
la réalité du droit et dans l'impartialité de
son application ;

Foi politique, basée sur la confiance
des gouvernés dans le gouvernement, et
dès lors possibilité par celui-ci d'introduire dans son administration toutes les
améliorations compatibles avec l'ordre et
le bien-être de tous.

COLINS. — Cette explication est ingénieuse, sans doute, et elle ne me surprend
pas de votre part ; permettez-moi seulement de vous faire observer aussi bien
pour ce qui concerne votre triple foi ou
confiance, que pour ce qui a trait à toute
autre espèce de foi, anthropomorphique,
panthéistique ou matérialiste, que pas plus
les unes que les autres ne peuvent résister
à l'épreuve de l'examen, parce que toutes
sont la négation de la liberté et n'ont de

sanction que la force, soit masquée de
sophismes lorsque la foi est basée sur une
révélation ; soit brutale, lorsqu'elle est
uniquement basée sur la contrainte physique.

Il n'y a que ce qui est basé sur l'incontestabilité scientifique, qui puisse bra-
ver l'examen. Or, tant que la religion
réelle, la sanction religieuse réelle, c'est-
à-dire le lien des actions d'une vie avec
le bien-être ou le mal-être d'une autre vie,
ne sera pas scientifiquement démontré être
une déduction rigoureuse de l'existence
réelle, immatérielle, éternelle des âmes,
le doute, le septicisme, véritable ver ron-
geur de l'humanité, ne cessera pas d'en-
vahir la société et de rendre toute régénération sociale impossible.

Quelle serait en somme la durée de
votre triple foi ?

Chacune d'elles ne reposant que sur des
bases essentiellement contestables, ne vien-
drait-elle pas à son tour à disparaître
presqu'immédiatement au contact de l'examen et rendre indispensable l'apport d'un

'nouveau système tout aussi éphémère que
celui qui l'aurait précédé?

Et comme en matière de foi il n'y a de
possible que des systèmes basés sur des
hypothèses plus ou moins ingénieuses que
le souffle investigateur de la science finit
toujours par renverser, comment voulez-
vous qu'avec de pareils moyens, l'ordre
puisse renaître au sein de la société?

Au surplus, comme la dénomination de
ce que vous avez adopté comme base de
votre théorie importe peu, nous passe-
rons, si vous le voulez bien, par dessus
toutes les considérations secondaires à
l'aide desquelles vous avez voulu la fortifier, afin d'arriver plutôt à un examen
plus approfondi de votre travail et de
nous assurer si bien véritablement il forme
un tout irréprochable et parfaitement har-
monique.

PROUDHON. — J'aurais voulu pourtant
vous donner encore quelques explications
sur ma méthode de raisonnement; vous
faire voir, par exemple, comment au syl-
logisme j'ai substitué la série; comment
avec son aide, c'est-à-dire avec le raison-

nement sériel j'arrive à la connaissance et
à la démonstration de la vérité ; et peut-
être alors vous eût-il été plus difficile de
combattre mes arguments en matière de
régénération sociale.

COLINS. — Loin de moi la pensée de
vous priver de vos armes favorites afin de
mieux vous combattre ; j'espérais au contraire vous éviter le déboire de vous laisser attaquer sur des points qui sont à mes
yeux peu dignes de votre haute intelligence. N'est-il pas déplorable, en effet,
de me forcer à vous ramener pour ainsi
dire à chaque instant sur le terrain purement rationnel dont vous vous éloignez
sans cesse, en cherchant à masquer votre
retraite par un luxe extraordinaire de mots
baroques, d'expressions excentriques uniquement inventées dans le but d'étourdir
vos lecteurs trop vaniteux pour avouer
leur inintelligence des déguisements de
votre pensée ?

A quoi bon discuter votre méthode sérielle applicable tout au plus à l'étude des
simples phénomènes, et que cependant
vous voulez faire servir à celle des réali-

tés en la décorant du nom pompeux *d'a-
podictique*, et en lui attribuant quatre mo-
ments : *l'autoptique, le çriptoristique, le
troponomique*, et enfin *le criptologique ?*

A quoi bon parler de *l'anti-conceptualisme, de l'intuition réciproque et de l'é-
change machinal, des à priori* qui vous
font horreur, *de l'en soi* que vous affec-
tionnez par dessus tout, et de mille autres
balivernes qui toutes ont pour cause une
vanité sans égale qui vous a poussé à
croire qu'il était impossible qu'un autre
que vous pût savoir ce que vous igno-
riez, pût démontrer la vérité que vous
n'aviez pu découvrir ?

Nous avons mieux à faire, croyez-moi,
que de nous attacher à des vétilles qui ne
peuvent produire aucun effet sur moi, et
il me parait infiniment préférable d'attaquer de front vos moyens de régénération
sociale, bien que leur source me paraisse
plutôt propre à empoisonner qu'à guë-
rir ; à détruire plutôt qu'à reconstruire.

Examinons donc avec la plus scrupu-
leuse attention le rôle que chacun d'eux
est appelé à remplir.

PROUDHON. — Doucement, s'il vous plaît. Malgré le mépris que vous paraissez avoir pour la méthode de raisonnement sériel et le peu de cas que vous faites des termes dont je me suis servi pour la faire comprendre par mes lecteurs et la leur faire accepter, je crois cependant indispensable d'appeler préalablement votre attention sur une question capitale, lorsqu'il s'agit de la recherche de la vérité : c'est celle de l'admission ou de l'élimination de l'absolu.

COLINS. — Vous me prouvez une fois de plus, que le mysticisme est incorrigible et que rien ne peut troubler ceux qui en sont imbus, dans l'ordre de leurs conceptions. Qu'importe en effet la justesse des critiques qu'on peut vous faire, l'incontestabilité des preuves qu'on peut fournir à l'appui, si le tout passe inapperçu sous vos yeux, si en discutant avec vous, il faut recommencer sans cesse les mêmes démonstrations sans que l'on puisse espérer, la dernière fois plutôt que la première, avoir fait la moindre impression sur vous ; je dirai plus : sans qu'on puisse même attendre la moindre objection de votre part.

— Que signifie absolu?

— Absolu signifie indépendant.

— Qu'est-ce qui est indépendant?

— Ce qui est éternel.

Si le Dieu Créateur existe, il est seul indépendant, seul éternel. S'il n'est pas, la matière, la force qui modifie notre sensibilité est éternelle, est absolue. Si la sensibilité est une modification de la matière, chaque sensibilité n'est ni éternelle, ni absolue, mais elle est relative, temporelle, dépendante des modifications de la matière.

Si chaque sensibilité est éternelle, est absolue, alors il y aurait : absolu divisible, la matière ; et absolus indivisibles, les sensibilités, les immatérialités.

S'il n'y a qu'un absolu immatériel, le Créateur, tout ce qui existe, hors de lui, dépend de lui ; et alors : adieu la liberté! si ce n'est : pur mysticisme religieux.

S'il n'y a qu'un absolu, la matière, tout ce qui existe dépend des modifications de la matière ; et alors encore : adieu la liberté! si ce n'est : pur mysticisme irréligieux.

PROUDHON. — A votre tour, quand vous abordez ce sujet, rien au monde n'est capable de vous arrêter. Je prétends cependant vous prouver qu'en dehors de ces deux hypothèses et de tout absolu, il y en a une troisième, qui permet l'existence de la liberté.

COLINS. — Prouvez, Monsieur. Je vous écoute d'autant plus attentivement, que ce sera chose curieuse de voir, comment avec la méthode sérielle, vous allez vous tirer d'affaire.

PROUDHON. — Rien de plus facile.

« Considérant les phénomènes vitaux dans le règne animal, je puis classer, selon les lois de leur organisme, les animaux par genres et espèces ; je puis comparer les manifestations de la vie dans toutes les conditions de structure et de milieu.

« Cette étude formera pour moi *la zoologie* ou science des êtres vivants. »

(Id. id., T. II, p. 277 et 278.)

COLINS. — Vous voulez sans doute dire : Science des animaux ; car les carottes n'appartiennent pas à la zoologie.

Eh bien! Monsieur; il n'y a pas plus de science des animaux que de science des êtres vivants. La série étant continue, il n'y a que science des manifestations de la vie, science des phénomènes de la matière.

PROUDHON. — Il y a cependant des phénomènes zoologiques.

COLINS. — Non, Monsieur, il n'y a pas de phénomènes zoologiques à proprement parler; tous les phénomènes possibles appartiennent à la vie; et les règnes de la zoologie, de la phytologie et de la minéralogie, considérés *séparément*, sont des billevesées, chez quiconque tient ces séparations pour des *réalités*.

PROUDHON. — Question d'opinion; laissez-moi continuer.

« Quant à la vie elle-même, je n'en connais rien; tandis que véritablement je conçois les phénomènes zoologiques, je maintiens cette expression, comme se rapportant à un je ne sais quoi, fluide ou tout ce qu'il vous plaira, que j'appelle vie ou principe de vie. »

(Id. id., T. II, p. 278.)

COLINS. — La vie, la matière, est éternelle, Monsieur, et ce qui est éternel n'a pas de principe.

PROUDHON. — Mais laissez-moi donc continuer, sans quoi il n'y aura jamais de fin à notre discussion. Je reprends :

. . . « Vie ou principe de vie qui se choisit ses matériaux et les organise, qui les protège contre les altérations chimiques et la dissolution, les particularise, les anime et les soutient tous, comme la trombe soutient les corps qu'elle enlève dans son tourbillon.

« Par toutes ces causes, je puis bien concevoir la vie comme une essence, un *en soi* particulier, *un absolu*, auquel se rapportent les phénomènes vitaux.

« Il est même nécessaire que je la conçoive ainsi, afin de distinguer les faits de la nature organique, d'avec ceux de la nature inorganique.

« La confusion de la physiologie et de la physique, fondée sur l'hypothèse impossible à démontrer de l'identité du principe vital et du principe matériel, devien-

drait pour moi la cause d'une désorgani-
sation de la science même.

(Id. id., T. II, p. 278.)

COLINS. — Au risque de vous déplaire
de nouveau, je ne saurais vous laisser
continuer sans protester, avant d'aller plus
loin, contre cette vie :

Qui se choisit ses matériaux, — ce qui
rend la liberté inhérente à la matière;

*Qui les organise et les protège contre les
altérations chimiques,* — comme si la physiologie était le règne de la liberté et la
chimie celui de la nécessité;

Qui les particularise, — quand vis-à-
vis du panthéisme, il n'y a aucun corps
particulier, mais seulement un grand tout;

Qui les anime, — ce qui revient à
dire, que la matière est l'âme générale.

Sans protester, enfin, contre les conséquences que vous tirez de la confusion de
la physiologie et de la physique, si on
parvenait à démontrer l'identité du principe vital et de la matière.

Vous ignorez donc, que cette identité
est peut-être le point unique sur lequel
anthropomorphistes, panthéistes et ration-

nalistes soient tous d'accord; que c'est elle qui forme la base de la série des êtres au sein de la matière?

Vous la niez, malgré son évidence, n'est-ce pas? et cela se conçoit, parce qu'avec elle, il vous faudrait des immatérialités pour établir la liberté. Eh bien! sachez, Monsieur, que cette identité incontestable ne bouleverserait que votre propre science, résultat de la théorie sérielle, ce qui, en vérité, ne serait pas un grand malheur.

PROUDHON. — Je doute qu'il existe un mode de discussion plus fatiguant que le vôtre.

Fort heureusement que nos loisirs sont tels actuellement, que ne fut-ce que comme distraction, je persiste à soutenir la polémique que j'ai engagée avec vous, ce que je m'applaudis de n'avoir pas fait lorsque de votre vivant j'étais sans cesse provoqué par vous.

Je continue donc :

« Mais la science qui va jusqu'au concept et qui le pose, ne peut plus dire si l'objet conçu est matière ou autre chose que matière ; si c'est *un substratum* dif-

férent de la matière ou un état particulier de la matière.

« La science ne pénètre pas jusque-là,
et s'arrête court.

« Ne pas nier l'*en soi* de la vie, le supposer, le distinguer, est tout ce que je
puis.

« Devant la science, cette vie ne devient une réalité intelligible qu'en deça du
phénomène.

« Au-delà du phénomène, la vie n'est
plus qu'une hypothèse; nécessaire il est
vrai, mais une hypothèse.

« Toute spéculation sur le principe vital considéré en lui-même et abstraction
faite des organismes dans lesquels il ap-
paraît, m'est donc interdite; elle ne pourrait aboutir qu'à ramener la confusion
dans la science.

« La vie est-elle un principe à part ou
la même chose que l'attraction, le calorique ou l'électricité ?

« Les cristaux se forment-ils comme
les plantes, et les plantes comme les quadrupèdes ?

5

« Qu'est-ce que la vie universelle que certains religionnaires proposent de mettre à la place du crucifix ?

« L'ensemble des êtres organisés forme-t-il un organisme ; et cet organisme en forme-t-il un autre avec les corps inorganiques ?

« La terre et le soleil sont-ils vivants ou bruts ?

« L'Univers est-il un grand animal ?

« Qu'est-ce qui fait que la vie entre dans un corps ou pour mieux dire, qu'elle se compose un corps et puis qu'elle l'abandonne ?

« De pareilles questions sont de l'ordre ultra - expérimental ; elles excédent la science et ne peuvent conduire qu'à la superstition et à la folie. »

(Id. id., T. II, p. 278 et 279.)

COLINS. — Avez-vous fini vos questions ?

J'ai hâte d'arriver à la conclusion que jusqu'ici je n'entrevois guère, si ce n'est à travers un épais nuage de mysticisme.

PROUDHON. — Ayez donc un peu de patience, et je vous laisserai ensuite tout le temps de me répondre, en vous promettant de ne pas suivre votre exemple, c'est-à-dire de ne pas vous interrompre à chaque instant.

Je reprends :

« Considérant ensuite les manifestations de la vie dans un animal donné, soit l'homme, par exemple, je puis en distinguant parmi ces manifestations celles qui ont pour objet la vie de relation, sensation, intelligence, sentiment, les concevoir comme un système distinct, dont le *substratum* est emprunté à la vie répandue dans l'univers, mais qui, par la forme qu'il a reçue, n'est plus le même que celui que je place dans le lion ou le cheval.

« A ce tout animique, que j'abstrais des organes qui sont censés le contenir et le servir, je donne le nom *d'âme, anima.*

« Puis, me renfermant dans l'observation de ses facultés, de ses attributs, de ses modes, tels qu'ils se manifestent dans les relations de l'homme avec ses semblables et avec l'univers, je puis faire de ces nouvelles recherches une science à part que je nommerai *psychologie.* Et comme j'aurai dit l'âme de l'homme, la psychologie de l'humanité, je pourrai dire encore : l'âme et la psychologie des animaux.

« Jusqu'ici la science est de bon aloi, elle repose sur des phénomènes.

« Mais, qu'est-ce que l'âme en elle-même ?

« Est-elle simple ou composée ? matérielle ou immatérielle ? Est-elle sujette à mourir? A-t-elle un sexe? Qu'est-ce qu'une âme séparée de son corps et que faut-il entendre par la discession des *heroès*, comme disait Rabelais ? Où vont les âmes après la mort? Quelle est leur occupation? Reviennent-elles habiter d'autres corps? L'âme d'un homme peut-elle devenir âme de cheval et *vice versa?* Y a-t-il des anges et quelle est la nature et la fonction de ces purs esprits? Sont-ils au-dessus ou au-dessous de l'humanité? Faut-il croire aux apparitions? Que penser des esprits *frappeurs* qui, dans ce moment, troublent la raison des Américains ?

« Questions ultra-scientifiques suivant M. X..., dont la poursuite ne saurait ame-

ner que charlatanisme, hypocrisie, rétrogradation de la vérité, corruption de l'esprit et abêtissement du peuple.

« Pour que nous fussions en droit d'affirmer l'existence séparée des âmes, il
faudrait que cette existence nous fût révélée par des phénomènes spéciaux, autres que ceux qui ont donné lieu à la
conception de ces natures transcendantes.

« Mais nous ne connaissons l'âme humaine que par des manifestations dont
l'organisme est le véhicule indispensable ;
de sorte que la phénoménalité psychique
ayant pour condition la phénoménalité
physiologique et *vice versa*, nous nous trou-
vons, après avoir discerné pour le besoin
de l'observation scientifique, l'âme du
corps, dans une égale impuissance de
conclure que l'âme hors du corps ou le
corps hors de l'âme, soit quelque chose.

« La plus savante philosophie, celle de
Spinosa, ne va que jusqu'à concevoir l'âme
et le corps, l'esprit et la matière, comme
deux manières d'être de la substance cos-
mique, dont le *quid* de plus en plus se

dérobe. C'est le concept de la fusion de deux concepts ; la belle science !

. . . .

« Pour toutes les sciences, sans excep-tion, la première condition du savoir sera de se prémunir avec le plus grand soin contre toute immixtion de l'absolu. Ici la moindre excentricité engendre les charla-tans et les scélérats.

. . . .

« Ne saurions-nous enfin mettre hors la philosophie morale ces hypothèses d'autres vies ; puis, cette élimination opérée, nous occuper de ce qui nous regarde ? »

(Id. id., T. II, p. 279, 280, 282 et 286.)

Mais en voilà assez pour aujourd'hui, celà vous permettra de préparer pour notre prochaine entrevue votre réponse sur ce que je viens de vous exposer.

QUATRIÈME DIALOGUE.

—

PROUDHON. — Eh bien ! Etes-vous en mesure de combattre et de détruire mes arguments, et ne commencez-vous pas à reconnaître qu'il ne suffit pas de railler avec plus ou moins de finesse la méthode sérielle pour la réduire à néant, tandis qu'elle m'a permis de fournir la démonstration la plus satisfaisante de la nécessité d'éliminer l'absolu de tout raisonnement sur la nature de l'homme ?

COLINS. — Je ne suis pas surpris, mais profondément affligé, de voir une aussi belle intelligence que la vôtre passer à côté de la vérité sans vouloir la reconnaître, et préférer se consumer en vains efforts pour la remplacer par des hypothèses indiscutables, et des sophismes où la vanité joue le plus grand rôle.

Vous avez posé un assez grand nombre de questions, et vous avez, suivant votre habitude vaniteuse, nié la possibilité de les résoudre scientifiquement. La société périrait donc s'il en était ainsi, puisque presque toutes ces questions doivent, dès l'origine de l'humanité, être résolues, sous peine de mort humanitaire, soit par la croyance, soit par la science.

Socialement la croyance est anéantie, mais la société ne périra pas par défaut de science.

La justice éternelle, la raison éternelle, la science éternelle existe ; la seule ignorance empêche de la reconnaître. Et quand les temps sont arrivés, la réalité de la science donnant toutes ces solutions, est toujours démontrée par quelqu'un ; et si je n'avais été assez heureux pour pouvoir exposer cette réalité, cette tâche aurait peut-être été accomplie par vous-même, lorsque la nécessité vous aurait arraché les cataractes de votre ignorance.

J'ai déjà donné la solution de la plupart

de ces questions dans la lettre que je vous
ai écrite en juin 1858. Je vais néanmoins
me répéter ; et quant aux preuves, je vous
laisse le soin de vous les procurer dans
mon ouvrage intitulé : « *Science sociale*, »
sauf à vous à les contester, au moyen de
votre théorie sérielle, si vous en êtes capable.

— « La vie, dites vous, est-elle un
principe à part, ou la même chose que
l'attraction, le calorique ou l'électricité ? »

— La vie n'est pas un principe à part ;
elle n'est autre : que la matière, comprenant aussi bien la matière incorporelle
que la matière corporelle. Celà est incontestablement prouvé par la série continue
des êtres au sein de la matière.

— « Les cristaux se forment-ils comme
les plantes, et les plantes comme les quadrupèdes ? »

— Oui, Monsieur, et comme les globes,
et comme les soleils, et comme les univers. Vous oubliez donc que la matière
est éternelle ; et que tous les univers ne
forment qu'un seul et même organisme,
au sein duquel tout fonctionne *nécessaire-*

ment : s'il n'y a qu'une seule nature, la matière.

— « Qu'est-ce que la vie universelle? »

— La vie universelle n'est autre : que la matière. C'est la science moderne qui en a donné la démonstration ; et cette démonstration est rationnellement incontestable.

— « L'ensemble des êtres organisés forme-t-il un organisme, et cet organisme en forme-t-il un autre avec les corps inorganiques? »

— Je vous ai prouvé mille fois que la distinction faite entre le règne inorganique et le règne organique est aussi sotte que celle faite entre le règne animal, le règne végétal et le règne minéral.

— « La terre et le soleil sont-ils vivants ou bruts ? »

— La terre et le soleil ne sont pas vivants OU bruts ; ils sont vivants ET bruts, comme les univers, comme les diamants, comme tout ensemble matériel n'ayant point une vie spéciale apparente.

— « L'univers est-il un grand animal? »

— Sans aucune espèce de doute, Monsieur, si un animal n'est qu'un organisme, une machine.

— « Qu'est-ce qui fait que la vie entre dans un corps, ou pour mieux dire, qu'elle se compose un corps, et puis qu'elle l'abandonne ? »

— La vie est universelle et éternelle ; elle n'entre ni ne sort ; elle est partout et toujours. Mais les phénomènes de la vie varient : selon les lois éternelles, nécessaires de la matière.

— « Qu'est-ce que l'âme ? »

— C'est une immatérialité.

— « Est-elle simple ou composée ; matérielle ou immatérielle ? »

— L'âme étant une immatérialité est simple par essence.

— « Est-elle sujette à mourir ? »

« La mort est exclusivement inhérente aux phénomènes, aux apparences. Une réalité, une immatérialité éternelle par essence, ne meurt pas.

— « A-t-elle un sexe ? »

— Selon vous, l'âme a un sexe. C'est un cerveau d'homme ou un cerveau de

femme, et l'âme de l'homme est à l'âme
de la femme, toujours selon vous, comme
27 cube de 3 est à 8 cube de 2. Demander
si une immatérialité a un sexe, est une
plaisanterie indigne de vous.

— « Qu'est-ce qu'une âme séparée de
son corps, et que faut-il entendre par la
discession des *heroès*, comme dit Rabelais ? »

— Une âme séparée de son organisme
est une immatérialité existant exclusivement *dans l'éternité*, et ne pouvant exister
dans le temps que par son union à un
organisme, union constituant esprit, intelligence.

— « Où vont les âmes après leur
mort ? »

— Elles s'unissent à de nouveaux organismes.

— « Quelle est leur occupation ? »

— D'être libres et d'agir réellement,
au lieu d'être comme les âmes de votre
invention, des automates, et de ne faire
que fonctionner.

— « Reviennent-elles habiter d'autres
corps ? »

— Oui.

— « L'âme d'un homme peut-elle devenir âme de cheval et *vice versa?* »

— Non, l'homme seul a une âme.

— « Y a-t-il des anges et quelle est la nature et la fonction de ces purs esprits? »

— Les anges et les esprits purs appartiennent à la foi anthropomorphique, comme la liberté au sein de l'automatisme appartient à votre foi panthéistique.

— « Sont-ils au-dessus ou, au-dessous de l'humanité? »

— Il n'y a rien qui soit au-dessus ou au-dessous de l'humanité. Ce serait faire une comparaison, et les comparaisons ne sont possibles qu'au sein de la nature matérielle où il y a des qualités; les immatérialités sont toutes identiques par essence. L'homme seul appartient à la nature intellectuelle; tout le reste appartient à la nature matérielle exclusivement.

Libre à vous de comparer l'homme avec le singe; la science réelle abandonne ces comparaisons à l'ignorance.

— « Faut-il croire aux apparitions? »

— Au sein du mysticisme religieux, il

est aussi permis de croire aux apparitions,
qu'il est permis au sein du mysticisme irréligieux de croire à la liberté, des automates, des machines.

— « Que penser des esprits frappeurs
qui dans ce moment troublent la raison
des Américains ? »

— Il faut en penser ce que l'on pense
actuellement des miracles de St-Médard.
L'ignorance est une maladie chronique
qui date de l'origine de l'humanité. Mais
cette maladie a aussi ses accès de délire
aigu. Dès que le mysticisme religieux devient sans puissance, le mysticisme irréligieux, par le délire des révolutions, con-
duirait l'humanité à la mort, si l'ignorance
ne pouvait être anéantie par l'anéantissement de tout mysticisme.

Concluez maintenant vous même, et contrairement à ce que vous avez dit :
« Que le charlatanisme, l'hypocrisie, la
« rétrogradation de la vérité, la corruption
« de l'esprit et l'abêtissement du peuple,
« sont les résultats nécessaires : non de
« la science réelle ; mais de l'instruction

« donnée par la prétendue science actuelle,
« *matérialiste par essence.* »

Au lieu de mettre en doute l'existence
séparée des âmes, vous êtes complétement en droit de l'affirmer, car elle vous
est révélée par le raisonnement présup-
posé réel, analysant le phénomène du
verbe, ce qui est bien un phénomène spé-
cial ; tandis que la conception de l'immor-
talité des âmes a été le raisonnement sur
la nécessité sociale exigeant cette immor-
talité sous peine de mort sociale.

Vous avez dit : « Si l'homme était tout
matière il ne serait pas libre. » — Vous
présupposez donc et avec raison, qu'une
âme, une immatérialité, est nécessaire à
l'existence du raisonnement réel.

Mais, si vous affirmez la réalité du raisonnement avant d'avoir démontré la réalité de votre hypothèse, vous résolvez la
question par la question, vous sortez de
la science, pour entrer dans le mysticisme ; alors, par analogie ou par théorie sérielle, après avoir dit l'âme de
l'homme, vous dites l'âme du singe, et
toujours par analogie ou théorie sérielle,

vous dites l'âme du caillou, l'âme du vent,
l'âme de l'éclair; ce qui est la négation
des immatérialités.

Vous ne connaissez, dites-vous, l'âme
humaine, que par des manifestations dont
l'organisme est le véhicule indispensable.
Et par où donc voulez-vous qu'une immatérialité se manifeste, si ce n'est par
son union avec un organisme ?

Enfin vous terminez en souhaitant voir
mettre, hors la philosophie morale, ces
hypothèses d'autres vies, etc., etc., afin
de pouvoir vous occuper de ce qui nous
regarde, une fois cette élimination opérée.

Hélas, Monsieur ! Hors, non-seulement
de l'hypothèse d'autres vies ; mais de la
démonstration de la réalité des autres vies;
rien, absolument rien, ne nous regarde ;
puisque alors, et selon vous-même, « nous
ne sommes que des automates, éléments
du grand automate, qui pense aussi et qui
va tout seul. »

Mais en voilà assez, trop peut-être sur
ce sujet; car je ne puis espérer de vous
convaincre, tant que vous resterez soumis
au mysticisme, et vous justifiez une fois de

plus le proverbe qui dit : qu'il n'y a pas de pire sourd que celui qui ne veut pas entendre.

PROUDHON. — Je pourrais vous retourner ce proverbe, avec autant de justesse, puisque vous répondez à ma théorie sans la comprendre, par la vôtre que je ne saurais admettre. Nous pourrons marcher ainsi parallèlement sans jamais nous rencontrer ; néanmoins, comme je me suis engagé à aller jusqu'au bout, je continuerai l'exposition de ma méthode ; vous répondrez ensuite aussi longuement que vous le croirez utile pour me convaincre d'erreur.

« Qu'est-ce que nous appelons une personne ? Et qu'entend cette personne quand elle dit moi ?

« Son moi, est-ce son bras, sa tête, son corps, ou bien sa passion, son intelligence, sa vertu, son talent, sa mémoire, sa conscience ? Est-ce même une de ses facultés ? Est-ce même la série ou synthèse de ses facultés physiques ou animiques ? Rien de tout cela. Son moi, c'est son essence intime, INVISIBLE, qui se dis-

6

tingue de ses attributs et manifestations.
En un mot, c'est un absolu, qui non-seulement se pose, mais un absolu qui
sent, qui voit, qui veut, qui agit et qui
parle. »

(Id. id., T. II, p. 294.)

« Aucun pont n'a été jeté pour l'esprit
humain entre la métaphysique et la science ;
et vous ne pouvez pas établir dans la
pratique sociale votre dogme, franchir
l'abîme qui les sépare.

« Dès lors que vous dépassez la limite
métaphysique, limite qui consiste à poser
des X qu'aucune expérience ne peut atteindre, je nie l'absolu.

« Dès lors aussi, bien loin que j'y voie
une idée, une raison, une existence, ce
n'est plus pour moi, comme je l'ai dit
ailleurs, que le *caput mortuum* de toute
idée, de toute raison, de toute existence. »

(Id. id. T. II, p. 307)

COLINS. — Cette nouvelle partie de votre exposition rend plus que jamais nécessaire de ma part un complément d'explication sur la source de vos erreurs re-

lativement à l'idée que vous vous êtes
faite de la nature de l'homme.

Elles proviennent en effet d'une difficulté que vous n'avez pas pu surmonter
et qu'ont également rencontrée tous ceux
qui vous ont précédé dans la voie du
mysticisme irréligieux.

Tous vous avez confondu, dans votre
ignorance, l'individualité avec la personnalité.

L'individualité est l'âme immatérielle ;
la personnalité, l'union de l'âme à tel organisme ; par conséquent l'individualité
est la même pour toutes les vies, tandis
que la personnalité change à chaque vie.
Or, la difficulté, l'impossibilité d'éviter
cette confusion persiste aussi longtemps
que l'immatérialité des âmes, la réalité
d'un absolu immatériel au sein de chaque
personnalité réelle n'est pas scientifiquement démontrée. Cette confusion jusqu'à
présent inévitable, a été faite par Descartes en disant : « l'âme est une substance pensante ; » et Bonald n'a fait que
répéter Descartes en disant : « l'âme est
une intelligence servie par des organes.»

Ni l'un ni l'autre, pas plus que ceux qui les ont précédés, n'ont remarqué que la pensée n'était pas simple, qu'elle était la sensibilité modifiée par un modificateur qui n'est pas elle.

Si l'âme était une substance pensante, elle serait donc une substance composée, elle ne serait pas une immatérialité, simple, indivisible par essence. Il en est de même pour l'intelligence, qui n'est également qu'une sensibilité modifiée.

Il y a plus encore, l'âme réelle, l'âme immatérielle, même unie à un organisme, et formant intelligence, n'est personnalité qu'en *puissance*, car cette personnalité en puissance ne peut entrer dans le *temps*, ne peut sortir de l'*éternité*, ne peut-être personnalité développée, ne peut être personnalité pensante, intelligente, que sous la condition que chaque personnalité en puissance ne restera pas isolée ; qu'il y aura un contact nécessaire et prolongé entre deux au moins d'entr'elles, puisque c'est exclusivement de ce contact que le verbe peut naître, et que c'est exclusivement

par le verbe que la personnalité en puissance peut penser, peut comprendre, peut
avoir des idées, peut entrer dans le *temps*,
peut sortir de l'éternité.

J'ai démontré tout cela d'une manière
scientifique, d'une manière incontestablement rationnelle dans mon ouvrage intitulé SCIENCE SOCIALE, je le répète, et il
ressort du même ouvrage, que tous les
matérialistes, et vous le premier en votre
qualité d'interprète de la prétendue science
actuelle, commettez la plus grosse de toutes les erreurs, en donnant au mot voir,
une valeur autre que celle d'attraction ou
de répulsion, une valeur signifiant perception mise en rapport avec d'autres ob-
jets, par le raisonnement.

L'homme ne voit réellement que par le
raisonnement; c'est par lui que sans voir
aucune pomme, concrètement, il voit un
million de pommes; et distingue ce mil-
-lion, d'un million plus une, plus clairement, infiniment plus clairement et même
incontestablement, qu'il ne voit concrètement une pomme plus une pomme, et
qu'il juge qu'il y en a deux. En effet, il

peut n'y avoir qu'une pomme, et la seconde n'être qu'une fantasmagorie. Je le
répéte, on ne voit que par le raisonnement ; et l'on ne voit bien que par le raisonnement rendu incontestable,

Avant le verbe l'homme ne raisonne
pas, il n'a que des attractions et des ré-
pulsions.

Le sauvage de l'Aveyron ne voyait ni
une, ni deux ; il n'avait aucune idée ; et
le temps n'est que la succession des idées.
Ce sauvage de l'Aveyron n'avait pas même
le sentiment de sa propre existence *dans
le temps.*

Ainsi, quand l'nomme, par le raisonnement rendu scientifique, voit des absolus,
voit des âmes immatérielles, il les voit infiniment plus clairement, que vous ne voyez
des pommes sur votre assiette. Le mot
INVISIBLE, signifiant : non visible par le
nerf optique, est donc philosophiquement,
rationnellement parlant, la plus immense
sottise que la théorie sérielle ait pu imaginer soit depuis, soit avant Lucrèce, qui disait :

> *Tangere enim et tangi,*
> *Nisi corpus, nulla potest res ;*

sans se douter que le contact réel n'existe
pas ; et que tout contact apparent n'existe
qu'à distance.

Au moyen de ces explications il devrait
vous être facile de rectifier vous-même ce
qu'il y a d'incorrect dans le passage que
vous venez de citer, mais pour ne pas
froisser votre amour propre, je vais vous
éviter cette peine.

Vous seul avez pu dire que votre moi
était purement phénoménal, purement temporel, essentiellement mortel, et cependant affirmer que ce même moi était réel ;
car le mysticisme seul peut rendre ainsi
identiques des propositions contraires.

Tant que la réalité du *moi* n'est pas démontrée, toute personne disant *moi,* entend par là : *pas un autre.* Mais, vis-à-vis
de la raison, elle ignore *complètement* si
son *moi,* si son *pas un autre,* est réel,
immatériel, indivisible, ou s'il est purement phénoménal, matériel, temporel, divisible, mortel.

Or, vos questions prouvent que de
votre propre aveu, vous êtes aussi igno-

rant qu'une carpe sur la réalité de votre *moi*.

Alors, pourquoi affirmez-vous qu'il est réel, capable de liberté, capable de raisonnement, plus qu'en apparence, plus que phénoménalement?

Ne serait-ce pas parce que, vis-à-vis du mysticisme, il est toujours permis de déraisonner?

Sans cela, vous n'auriez pas cherché à voir votre *moi* de la même manière qu'un phénomène, une apparence, une pomme sur une assiette; et de cette impossibilité de voir ainsi votre âme dans votre corps, vous n'auriez pas conclu que l'âme n'existait pas; vous n'auriez pas écarté l'absolu, qui seul cependant est nécessaire à la réalité de la liberté, à la réalité du raisonnement.

Aussi n'avez-vous plus eu d'autre ressource que de vous jeter dans l'automatisme et de dire :

« Tous tant que nous vivons, etc. etc., nous ne sommes que des machines; » et par cela même vous avez nié la liberté, bien que vous ayez dit également : « nier

la liberté, c'est nier la justice; » puis de
préjugés en préjugés, vous avez fini par
admettre comme Descartes et Bonald, que
l'âme est une substance pensante, que
c'est une intelligence servie par des organes.

Vous vous êtes dit : Si l'âme existe
en dehors de la matière, elle est nécessairement une substance pensante, une
intelligence.

Mais, vous n'avez pas calculé la portée
de ce raisonnement, car une substance
pensante, une intelligence étant nécessairement un composé, un agrégat et tout
composé, tout agrégat étant matière, l'âme
dans ce cas est aussi matière.

Et voilà comment Descartes et Bonald
vous ont conduit au matérialisme. L'anthropomorphisme seul pouvait justifier
Descartes et Bonald. Mais l'anthropomorphisme tombant devant l'examen, l'âme
restait matérielle.

Sans Descartes et Bonald vous auriez
dit évidemment : — « Ce n'est pas l'absolu isolé qui sent, qui voit, qui veut, qui
agit et qui parle, mais l'union d'un absolu

à un organisme, union constituant intelligence et permettant à l'absolu après développement de l'intelligence par le verbe, de sentir, de vouloir, d'agir, de parler, et qui plus est, de raisonner réellement, et de raisonner incontestablement. » — C'est infiniment plus clair qu'une pomme vue dans une assiette.

Un dernier mot pour vous convaincre que la vanité est la cause de votre ignorance.

La métaphysique, c'est-à-dire la connaissance de ce qui est plus que physique, plus que matière, n'est autre que la science des immatérialités, la science DES absolus ; puisqu'un seul absolu immatériel, appartient au mysticisme religieux, et que le seul absolu matière appartient au mysticisme irréligieux. C'est donc par vanité seulement que vous avez déclaré impossible de jeter un pont entre la métaphysique et la science, et de franchir l'abîme qui les sépare ; cela voulait simplement dire que vous vous reconnaissiez incapable de jeter ce pont et de franchir cet abîme. C'est également par vanité que vous avez affirmé que la conception des absolus ne peut-être que dogme, mais jamais science, et qu'en voulant dépasser la limite métaphysique on ne pourrait parvenir qu'à poser des X qu'aucune expérience ne pourrait atteindre.

J'ai prouvé le contraire. J'ai prouvé que l'X des absolus pouvait être éliminé par le raisonnement rendu incontestable, et qui plus est, ce qui est surabondant, que cette élimination de l'absolu pouvait être confirmée par l'expérience.

Tout cela est-il clair? N'est-ce pas vous répondre très explicitement? Et conviendrez-vous enfin de votre impuissance à combattre des raisonnements qui, sans être sériels, n'en sont pas moins d'une incontestabilité absolue?

PROUDHON. — Clairs ou non, vos raisonnements n'en sont pas moins étrangers à mon système, que seul vous auriez dû combattre, au lieu de vous attacher uniquement à vouloir me faire accepter comme vérité ce qui m'éloigne de mon sujet. Plus tard, nous verrons ce qui en est de votre religion rationnelle basée sur

l'existence *des absolus;* en attendant veuillez accorder encore quelques instants d'attention à l'exposition de ma méthode.

COLINS. — Assez, assez de grâce! Depuis longtemps je vous sollicite d'aborder
réellement votre sujet et de renoncer pour
tout de bon à toutes études préliminaires,
à quelque sujet que vous ayez été les
puiser. Il semble que vous n'ayez d'autre
but que d'éloigner le moment où il ne
vous sera plus possible de reculer devant
la discussion sérieuse de vos théories, devant l'examen sévère des principes sur
lesquels elles reposent, principes auxquels, je ne vous le cache pas, vous ne
me paraissez pas avoir vous même compris grand chose. A quoi servirait-il de
vous accompagner dans vos digressions
sur *l'anti-conceptualisme maçonnique,* sur
la *religion,* sur *l'Eglise,* sur la *mort?*

Sur ces divers sujets, que pourriez-vous
faire autre chose, sinon de magnifiques pério-
des mystico-matérialistes, pareilles à celles
dont vous m'avez déjà gratifié? Je laisse
donc à d'autres leur stérile admiration
pour tout ce que vous avez énoncé sur la

manière de purger les idées religieuses,
sur l'euthanasie, sur ce que vous considérez comme étant le meilleur mode d'é-
ducation, etc., etc.

Quant à moi, je ne vois au fond de tout
cela que la plus déplorable confusion entre la véritable. nature de l'homme et
celle que vous lui attribuez, tout en ne
reconnaissant en lui. qu'un automate et
pas autre chose.

Aussi, pour vous donner le temps de
coordonner vos idées, permettez-moi
d'ajourner notre conférence à un autre
jour.

CINQUIÈME DIALOGUE.

—

PROUDHON. — Eh bien! Puisque vous le désirez, je vais aborder le fond de mon sujet et vous parler de LA FOI CONJUGALE.

Pour cela, j'ai besoin de définir l'amour.

« L'amour est pur chez les bêtes, si je puis ainsi m'exprimer, je veux dire qu'il est purement physiologique, dégagé de tout sentiment moral et intellectuel. »

(Id. id., T. III, p. 191.)

COLINS. — Fort bien. Vous aviez déjà dit ailleurs, que chez les bêtes le travail était purement apparent, c'est-à-dire dégagé de tout sentiment moral ou intellec-

tuel, et que l'homme seul était travail-
leur.

L'amour des bêtes est donc une simple
attraction, comme celle qui existe entre
le fer et l'aimant; et puisque l'amour, essence de l'ordre physique, et le travail,
essence de l'ordre moral, ne présentent
chez les bêtes rien d'intellectuel, rien de
moral, c'est dire implicitement : que chez
les bêtes il n'y a ni intelligence, ni raisonnement, ou plus clairement encore,
qu'il n'y a chez les bêtes : ni raison, ni
liberté, ni sensibilité réelle, trois choses
qui n'en font qu'une sous trois expressions
différentes.

PROUDHON. — Si vous m'aviez laissé
continuer, vous auriez vu .qu'en cela je
suis d'accord avec vous.

« Chez l'homme, intelligent et libre,
les choses ne se passent pas de même. »
(Id. id., T. III, p. 191.)

COLINS. — Mais, c'est vous mettre en
contradiction avec vous-même que de vous
exprimer de la sorte.

Que devient en effet la série continue
des êtres si vous attribuez à l'homme

l'intelligence et la liberté pour les refuser à la bête, le tout sans l'avoir prouvé.

Pour être conséquent avec vous-même
et avec votre fameuse maxime « Tous tant
que nous vivons, nous sommes...,... des
automates, » il fallait dire que chez l'homme comme chez les animaux, l'amour était
parfaitement automatique ; que l'intelligence et la liberté, chez les uns comme
chez les autres, était purement illusoire ;
que le matérialisme était vérité ; que la
séparation absolue des âmes et de la matière n'était qu'une idée, sans ombre de
réalité ; que le raisonnement, la liberté
pouvaient exister au sein de la matière,
quoique la raison qui implique liberté
vous ait fait dire autre part : que la liberté ne pouvait exister au sein de la matérialité.

PROUDHON. — Vous voilà parti ! Vous
plaira-t-il de vous arrêter bientôt, ou
dois-je me borner à vous écouter, alors
que vous me sollicitez de vous faire connaître mon système de régénération sociale ? Vous vous taisez ?

Alors je continue :

. . . « Nous savons par la théorie de la liberté que l'homme tend à s'affranchir de tout fatalisme, notamment du
fatalisme organique, auquel sa dignité répugne, et que cette tendance est propor-
tionnelle au développement de sa raison.

« Cette répugnance de l'esprit pour la
chair se manifeste ici d'une manière non
équivoque et déjà fort sensible, d'abord
dans la pudeur, c'est-à-dire dans la honte
que la servitude de la chair fait éprouver
à l'esprit, puis dans la chasteté ou absten-
tion volontaire à laquelle se mêle une
volupté intime, résultat de la honte évitée
et de la liberté satisfaite.

« Le progrès de la liberté et de la dignité humaine étant donc en sens contraire des fins de la génération, il y aurait lieu de craindre que l'homme, par
l'excellence même de sa nature, ne per-
dît tout-à-fait le soin de la génération, s'il
n'était rappelé à l'amour par une puissance toute animique : la beauté, c'est-
à-dire l'idéal, dont la possession lui pro-
met une félicité supérieure à celle de la
chasteté même.

7

« L'idéalisme se joint aussi au prurit
des sens de plus en plus exalté par la
contemplation esthétique, pour solliciter
à la génération, l'homme et la femme, et
faire de ce couple, le plus amoureux de
l'univers. »

(Id. id., T. III, p. 191.)

COLINS. — Si je ne me trompe, vous
confondez en un seul amour, celui qui
est relatif à l'organisme, l'amour de bête,
que vous voulez bien, sans preuve il est
vrai, considérer comme purement automatique, et l'amour inhérent à l'homme
seul, à l'homme composé d'un organisme
et d'une âme, amour que vous proclamez,
sans en fournir non plus la preuve, être
intelligent et libre.

Ce n'est pas du reste la première fois
que cette confusion a été apportée sur
cette question ; et même, un de vos disciples a été jusqu'à dire, que dans cette
complexité d'amours rendus UN, il fallait
pour que cette unité fut rendue raison-
ble, que l'amour de bête dominât l'amour
de raison, et alors il appelait l'amour : la
plus noble des passions.

Si cependant l'idéalisme n'était pas essentiellement mystique, s'il se mêlait de bien raisonner, au lieu de confondre l'amour de bête et l'amour d'homme, dans un seul et même amour, il aurait dit : « Ces deux amours sont aussi distincts que l'automatisme et la liberté ; ils cœxistent, il est vrai, chez l'homme, puisque nous avons prouvé que chez lui il y a organisme et intelligence, automatisme et liberté, mais ils ne peuvent jamais être *un*, pas plus que l'automatisme ne peut être liberté, ou que la liberté ne peut être automatisme. »

Ces deux amours sont donc nécessairement distincts, et toujours subordonnés l'un à l'autre.

Quand l'amour d'homme domine l'amour de la bête, l'homme reste libre ; quand l'amour de la bête domine l'amour d'homme, celui-ci est esclave de la bête.

L'amour d'intelligence ou de raisonnement consiste dans le choix rationnel et mutuel de deux individus de sexes différents, s'unissant pour constituer une famille, après connaissance des droits et devoirs qui s'y trouvent attachés, pour, jouir, au foyer domestique, de tout le bonheur dont l'humanité est susceptible et qui s'y trouve exclusivement. Cet amour se nomme amitié réelle et n'est possible, je le répéte, que dans la famille. Dans ce cas, l'amour est en effet la plus noble des passions, puisqu'elle seule procure le bonheur complet et qu'elle dure autant que sa cause, autant que les individus qui la ressentent.

PROUDHON. — Il m'est impossible de vous empêcher de parler, et dès que vous avez enfourché votre dada, rien ne peut vous en faire descendre.

Nous venons de définir l'amour, chacun à notre manière ; parlons maintenant de la femme et voyons si nous serons mieux d'accord.

« Supposons dans un pays deux races d'hommes mêlées, dont l'une est physiquement supérieure à l'autre, comme l'homme l'est à la femme.

« Admettant que la justice la plus irréprochable préside aux relations de cette société, ce que l'on exprime par ces mots :

égalité de droits, la race forte à nombre
égal et toute balance faite, obtiendra dans
la production collective trois parts sur
cinq ; voila pour l'économie politique.

« Mais ce n'est pas tout. Je dis que par
la même raison, la volonté de la race
forte pésera dans le gouvernement comme
3 contre 2, c'est-à-dire qu'à nombre égal,
elle commandera à l'autre, ainsi qu'il arrive dans la société en commandite, où
les décisions se prennent à la majorité
des actions, non des suffrages ; voilà pour
la politique.

« Eh bien ! c'est ce qui est arrivé pour
la femme. J'écarte comme non avenus,
odieux, dignes de répression et de châti-
ment, tous les abus de pouvoir du sexe
fort à l'égard du sexe faible.

« J'approuve, j'appuye, sur ce point, la
réclamation de ces dames. Je ne demande
que justice, puisque c'est au nom de la
justice qu'on revendique pour la femme
l'égalité.

« Il restera toujours, en accordant à
celle-ci toutes les conditions d'éducation,
de développement et d'initiative possible,

qu'en somme la prépondérance est ac-
quise au sexe dans la proportion de 3
contre 2, ce qui veut dire que l'homme
sera le maître et que la femme obéira.
Dura lex, sed lex.

(Id. id., T. III, p. 341 et 342.)

COLINS. — J'avoue que je ne m'attendais ni à un semblable système, ni à une
semblable conclusion. Vous venez d'établir
d'une manière absolue que la justice n'é-
tait que le résultat du rapport de la force
à la force. C'est un sophisme à l'usage
des tyrans; c'est là une justice de canni-
bales.

Ainsi la femme devra obéir à l'homme,
c'est-à-dire à l'arbitraire, à la force, et
non à l'humanité, à la justice, à la raison,
car telle est la loi de la force; elle est
aussi celle des inquisitions et des révolutions. Heureusement ces deux lois qui
sont les mêmes sous deux formes différentes, deviennent également mortelles à
l'humanité; et bientôt l'homme comme la
femme, inégaux devant la force, justice
fictive, n'obéiront plus qu'à la science,

justice réelle ; et ils seront égaux devant la raison.

PROUDHON. — Si vous m'aviez laissé continuer, il est probable que votre conviction eut été modifiée, car vous ne m'avez laissé traiter qu'un seul point de vue de la question.

En effet : « Ce que je viens de dire est de pure théorie ; dans la pratique, la condition de la femme encourt, par la maternité, une subordination encore plus grande. »

(Id. id., T. III, p. 342.)

COLINS. — Subordination ! Qu'entendez-vous par là ?

PROUDHON. — Aimez-vous mieux inégalité ?

COLINS. — Je crois que vous ne comprenez bien ni l'une ni l'autre de ces expressions, puisque vous les prenez indifféremment l'une pour l'autre.

Laissons de côté l'inégalité qui est un simple résultat de comparaison entre deux choses dissemblables dans l'ordre physique, dans l'ordre de nécessité et surtout ne la confondons pas avec la subordination, qui est exclusivement relative à l'ordre moral, à l'ordre de liberté, car il n'y a pas subordination au sein de la fatalité ; au sein de l'ordre physique, il y a éternelle harmonie. Les fruits ne sont point subordonnés aux fleurs; les fleurs viennent avant les fruits, voilà tout.

PROUDHON. — Que concluez-vous de là ? J'admets la nécessité de la subordination morale de la femme à l'homme, tout aussi bien que son évidente inégalité physique. Ce n'était dès lors pas la peine de m'interrompre pour placer là votre définition de la subordination.

COLINS. — J'admire votre aveuglement et combien il vous est facile de prendre le change sur toutes les questions. Puisqu'il faut vous mettre les points sur les *i* pour être compris, accordez-moi toute votre attention, puis vous continuerez tout à votre aise à établir l'inégalité entre l'homme et la femme.

Au sein de l'ordre moral, la subordination est relative à la volonté. Quand la volonté est subordonnée à la force, il y a esclavage, il y a inégalité. Quand la vo-

·lonté est subordonnée à la raison, il y a liberté, il n'y a ni maître, ni esclave, il y a égalité.

Tant que l'ignorance sociale sur ce qui est·ordonné par l'éternelle raison, dégagée de·tout arbitraire, n'est pas anéantie, la force règne nécessairement. Alors, le faible obéit au fort; la femme obéit à l'homme ; il y a esclavage ; il y a inégalité.

Lorsque l'ignorance sociale est anéantie, lorsque la science est intronisée, l'homme et la femme, unité domestique par la division des sexes obéissent également à la raison, qui est la loi commune; il y a égalité.

Par l'éternelle raison, par l'éducation et l'instruction, donnés à tous et à chacun avec un égal soin; par les mœurs et la loi; la femme est le dépositaire du bonheur domestique, comme l'homme est le gardien du bonheur social.

L'éternelle raison, l'éducation et l'instruction, les mœurs et la loi disent : que la femme ne peut se mêler d'ordre social, sans briser l'unité domestique et porter atteinte à son propre bonheur;·de même

que l'homme ne peut tyranniser sa femme
dans le foyer domestique, sans porter égale-
lement atteinte à son propre bonheur.

L'éternelle raison, l'éducation et l'instruction, les mœurs et la loi, disent encore : que l'harmonie dans la famille est
le *sine quâ non* du bonheur domestique ;
que la femme est dépositaire de ce bonheur ; qu'elle doit se dévouer à ce bonheur, plus que l'homme encore, qui con-
tribue ainsi à la garde du bonheur social ;
que si elle venait à différer d'avis avec
son mari, sur ce qui concerne le bonheur
du foyer domestique, dans la latitude lais-
sée à cet égard par les mœurs et la loi,
elle doit céder à son mari : non parce
qu'il est le plus fort, mais parce qu'elle
est plus sensible, plus passionnée, meilleure, sans aucun doute, lorsqu'elle est
également soumise à la raison ; parce
qu'elle est plus maladive, plus sujette à
erreur, n'ayant pas l'œil social, et parce
que, dépositaire du bonheur commun,
c'est à elle à faire le plus grand sacrifice,
et à avoir le plus de mérite.

Alors, il n'y a nulle subordination de

la volonté devant la force; il y a parfaite
égalité devant la raison.

PROUDHON. — Ainsi soit-il ! après cette
homélie, je reprends mon sujet :

« En quelque secondes, l'homme devient père. L'acte de génération modéré-
ment exercé et dès l'âge voulu, loin de
lui nuire, lui est, comme l'amour, salu-
taire.

« La maternité coûte autrement cher à
la femme...... pendant la plus belle partie de son existence, elle est condamnée
par sa nature à ne subsister que de la
subvention de l'homme. Or, si celui-ci
père, frère, mari ou amant, reste en définitive seul producteur, pourvoyeur et
suppéditeur, comment, en raisonnant toujours selon le droit pur et en dehors de
toute autre influence, comment, dis-je,
subirait-il le contrôle et la direction de
la femme ?

« Comment celle qui ne travaille pas,
qui subsiste du travail d'autrui, gouverne-
rait-elle le travail dans ses couches et
grossesses continuelles ?

« Réglez les rapports des sexes et l'éducation des enfants ; faites-en l'objet d'une communauté à la façon du Platon, où d'une assurance ; maintenez si vous aimez mieux, le couple monogamique et la famille ; toujours vous arrivez à ce résultat, que la femme par sa faiblesse organique et la position intéressante où elle ne manquera pas de tomber, pour peu que l'homme s'y prête, est fatalement et juridiquement exclue de toute direction politique, administrative, doctrinale et industrielle.

(Id., id., T. III, p. 342 et 343).

COLINS. — Il y a tant de choses choquantes dans ce que vous venez de dire, que j'éprouve, je l'avoue, un vif sentiment de répulsion, ne fut-ce qu'à les rélever ; aussi serai-je bref.

Votre énumération des peines qui sont le partage de la femme pour contribuer au bonheur domestique et social devrait vous faire apprécier tout autrement son mérite.

Est-ce que donner le bonheur n'est pas un million de fois au-dessus de donner la becquée ?

Est-ce que cette plus grande part de peine doit rendre la femme esclave, la livrer à l'arbitraire ?

Les expressions mêmes dont vous vous servez à cette occasion, applicables seulement aux machines et aux bêtes, sont d'une ingratitude si révoltante, que je ne veux pas insister davantage pour ne pas augmenter mon indignation.

PROUDHON. — A votre aise. Et qu'allez-vous dire, si à l'infériorité physique de la femme, je parviens à ajouter la démonstration de son infériorité intellectuelle ?

COLINS. — Si elle est basée sur les mêmes arguments que la première, je ne me soucie pas de l'entendre.

A quoi bon se faire répéter constamment tout ce qu'il y a de plus illogique, de moins rationnel sur ce qui a trait à la nature humaine ; à la nature des âmes, des immatérialités ?

Vous ne voulez pas modifier votre système parce qu'il vous faudrait reconnaître l'absurdité du matérialisme *doué d'intelligence et de liberté ;* soyez non moins certain

que vous ne parviendrez pas à me ranger
de votre avis sur la femme.

Ainsi, disons de suite et pour abréger,
que vous ne voyez dans la femme qu'une
intelligence inférieure à celle de l'homme.
Et quelle sera la conséquence de cette
belle découverte et en quoi pourra-t-elle
servir de base à la foi conjugale, c'est-à-
dire à votre premier élément de régénération sociale ?

PROUDHON. — Un instant ! Je ne me
suis encore occupé que de la femme ; et
il vous paraîtra sans doute utile de connaître ma doctrine sur le mariage, à moins
que vous ne vouliez également m'imposer
silence sur ce sujet.

COLINS. — Je me garderai bien de vous
laisser muet sur un sujet aussi important.

Vous devez avoir sur lui des idées toutes
nouvelles et si j'en juge par vos arguments
précédents elles ne doivent pas répandre
moins qu'eux de lumière sur la matière,
au point de vue de la raison et de la plus
simple logique.

PROUDHON. — Permettez-moi d'ajourner cette discussion au premier jour, car je ne dirais rien qui vaille aujourd'hui.

SIXIÈME DIALOGUE.

—

Colins. — Voyons votre théorie sur le mariage. J'ai hâte de connaître le point de vue auquel vous appréciez cette union qui doit servir de base, non seulement à LA FOI CONJUGALE, mais aussi à LA FOI JURIDIQUE.

Ppoudhon. — Je ne vous fais pas attendre.

« A peine nommés, le mariage et la famille nous apparaissent comme le foyer de la justice, la radicule de la société, et s'il m'appartient de le dire, la vraie religion du genre humain. »

(Id. id., T. III, p. 193.)

COLINS. — Jolie entrée en matière pour un panthéiste : foi! religion! cela sonne bien aux oreilles anthropomorphistes; et je vous en fais mon sincère compliment.

PROUDHON. — Mais, interrupteur incorrigible! que me fait votre ironique approbation? S'il me fallait entreprendre de vous convertir à mes théories, je préférerais jeter ma langue aux chiens.

Je continue :

« La religion cherchée avec tant d'ardeur et pendant une si longue suite de siècles, se trouvant dans le mariage à l'heure juste où l'humanité partout ailleurs la répudie; quelle découverte!

(Id. id., T. III, p. 193.)

« Les motifs sur lesquels s'appuie cette conjecture sont les solemnités du mariage ou les noces . . . dont l'objet réel est de conférer aux époux je ne sais quelle dignité juridique et religieuse . . . . les prérogatives assurées à l'époux et les devoirs . . . . dont la signification constante . . . . . est que la femme nonobstant l'infériorité de son sexe est

8

déclarée membre du corps social . .
la distinction des personnes, des conditions et des races dans le choix et la for-
mation des couples conjugaux . . . .
enfin le principe de monogamie indissoluble qui se dégage de plus en plus à
mesure que la civilisation se développe
et se pose comme condition sacramentelle du mariage.

(Id. id., T. III, p. 194.)

COLINS. — Certes, je ne m'attendais
pas à vous voir confirmer de sitôt une
remarque pleine de justesse que vous
même avez faite, c'est que de toutes les
parties de l'éthique, celle qui a le plus
fait divaguer les auteurs est sans contredit le mariage.

Ne serait-il pas temps, en recourant à
la méthode sérielle, d'aborder cette question sous un nouveau jour ?

PROUDHON. — Trêve de raillerie, et
avant de vous prononcer, laissez-moi donc
finir.

COLINS. — Continuez, je vous écoute.

PROUDHON. « En voyant à quelle dé-
raison étaient arrivés sur une question

aussi sérieuse des écrivains à qui la galanterie tient lieu de méthode, j'ai cru qu'il était à propos de rappeler, en quelques mots, les principes qui nous dirigent.

« Du moment que nous sommes résolus à demander les lois de la morale, non plus à des spéculations arbitraires ou à des sentimentalités plus aveugles encore, mais aux manifestations comparées de la spontanéïté universelle, nous avons dû supposer et nous supposons, à priori, que ces manifestations sont le produit des lois mêmes que nous cherchons, lesquelles lois ont ainsi pour expression, la série des phénomènes.

(Id. id. T. III, p. 201 et 202.)

« Au nom de quelle puissance le mariage prétend-il dompter l'amour, sauver l'homme des ennuis de la possession, des tribulations de la chair et de l'éclipse de l'idéal ; puis protéger la femme déflorée, et assurer l'existence des enfants ?

« Au nom de la Justice. — Si l'amour ainsi que nous l'avons expliqué ailleurs, est plus fort que la mort, la Justice à son tour sera plus forte que l'amour : *telle est la donnée du mariage.*

(Id., id., T. III, p. 210).

« Le mariage en un mot est une cons-titution *sui generis*, formée tout à la fois, au for extérieur par le contrat, au for in-térieur par le sacrement, et qui périt aus-sitôt que l'un ou l'autre de ces deux élé-ments disparaît.

« Ce qui frappe dans cette institution mystérieuse, c'est que le mariage est sur-tout un acte religieux, un sacrement, je dirai même, sauf interprétation, qu'il n'est pas autre chose que cela.

« Pourquoi donc ne pas supposer, ainsi que je l'ai donné à entendre, que le ma-riage est de toutes les manifestations de la justice, la plus ancienne, la plus au-thentique, la plus intime, la plus sainte ? »

(Id., id., T. III, p. 212).

COLINS. — Les suppositions appartien-nent à l'idéal, et il n'appartient qu'à la méthode sérielle de donner des supposi-tions pour des vérités.

PROUDHON. — « Que savions-nous hier de l'économie sociale, de la constitution de l'Etat, de l'organisation du travail, de l'éducation, de l'intelligence, de la liberté, du progrès ?

« Que savions-nous de la Justice elle-même ? »

COLINS. — Il est facile de voir que vous n'en savez pas plus aujourd'hui que hier, puisque vous avez dit : « Notre science de nous-même est à peu près nulle. » C'est donc en vertu de cette nullité que vous voulez nous imposer vos suppositions comme vérités ? Ne valait-il pas mieux dire : je ne sais pas ?

PROUDHON. — « Nos premières lueurs sur toutes ces choses, datent de la révolution française ; par quel privilége eussions-nous été mieux et plutôt éclairés sur le mariage ?

(Id., id., T. III, p. 211 et 212).

« Sous le double rapport dè l'économie et de l'amour, l'homme perd à cet engagement plus qu'il ne gagne, à telle enseigne que les restrictions dont la liberté de l'épouse est entourée, la retraite qui lui est imposée, les peines, parfois atroces, dont son infidélité est punie, doivent-être considérées bien moins comme un abus de la force, que comme une compensation du sacrifice marital, une vengeance de l'ingratitude de sa moitié.

(Id., id., T. III, p. 214).

COLINS. — Ce que vous venez de dire est, si je me le rappelle, le corollaire d'une théorie de l'adultère, théorie dans laquelle après avoir proclamé que, hors l'inviolabilité, le mariage n'existait pas, vous admettiez cependant au profit du mari toutes les infractions que bon lui semblait. Convenez avec moi, que si c'est la révolution française qui vous a enseigné toutes ces belles choses-là, les leçons qu'elle vous a donné n'ont rien de bien édifiant.

Comment ! Vous admettez que le mariage constitue un sacrifice au préjudice du mari seul ; qu'il lui est dû une compensation par la femme ; qu'elle ne saurait être trop punie, si le plus fort venant à cesser de l'aimer, elle s'avisait de se montrer ingrate envers lui ; et vous voulez que le mariage ainsi entendu devienne la religion de l'humanité ?

PROUDHON. — Je n'ai pas fini sur ce

point, et voici ma conclusion comme dernier terme à la série de l'amour :

« L'amour tel que le veut l'âme humaine, l'amour idéalisé, devient impossible entre les deux sexes, bien qu'il n'ait
d'autre principe que leur différence, d'autre but que leur union. Il faut, ou renoncer à l'amour, ou sortir de la sexua-
lité. »

(Id. id. T. III, p. 246).

COLINS. — Mais vous ne vous aperce-
vez donc pas que la méthode sérielle vous
égare et vous conduit à grouper arbitrai-
rement des propositions plus ou moins
vraies, plus ou moins fausses, pour en
déduire une conclusion préalablement for-
mulée par un idéal quelconque. Avez-
vous intérêt à ce que cette chose soit démontrée noire ? La méthode sérielle vous
la rend noire comme jais. Avez-vous intérêt à ce qu'elle soit blanche ? Cette
même méthode la rend blanche comme
le lys. En deux mots : la méthode sérielle, c'est l'idéal. Or vous avez dit vous-
même : « tout ce qui, après avoir com-

mencé par l'idéal, se poursuit par l'idéal, périra par l'idéal. »

(Id. id. T. III, p. 261).

– Et en effet, vous avez dit vrai ; car l'époque d'ignorance commence nécessairement par l'idéal, se poursuit par l'idéal produisant nécessairement aussi le scepticisme dès que l'examen ne peut plus être comprimé.

Fort heureusement pour l'humanité que l'époque d'ignorance, le scepticisme et l'idéal, périssent simultanément par l'intronisation de la vérité.

PROUDHON. — Où prétendez-vous aboutir avec cette tirade ? Et pourquoi vous offusquez-vous de ce que d'analogies en analogies, d'études en études, d'inductions en inductions, j'arrive sur le sujet du mariage à des conclusions que vous paraissez ne pas partager ? J'ajoute :

« Que partout où le catholicisme a conservé sa puissance, le prêtre est le maître de la maison.

« Que d'incestes spirituels et d'adultères !

« Que de maris désespérés par cette aliénation de leurs femmes !

« Et toute religion fera de même, j'en atteste Platon et le père Enfantin. Dès lors que la société, au lieu de reposer directement sur la justice, prend sa base sur une foi, un dogme, un respect transcendental, il faut qu'elle rompe entre l'homme et la femme le serment matrimonial, ou tout est perdu. »

(Id. id., T. III, p. 299 et 300.)

COLINS. — Vous qui parlez de justice, vous oubliez donc que la justice n'est qu'un idéal, aussi longtemps que la vérité religieuse n'est point intronisée par l'anéantissement de tout idéal. Et si vous avez incontestablement raison de ne pas vouloir que la foi serve désormais de base à la société, comment se fait-il que dans votre plan de régénération sociale, vous veuillez baser la société et la justice sur une triple foi?....

Vous confirmez ce que je vous ai dit déjà, c'est que la méthode sérielle n'est qu'un idéal auquel l'idéaliste fait conclure tout ce que bon lui semble.

Elle vous a conduit d'abord à nier toute autorité, puis à vouloir qu'en leur qualité de citoyens, l'homme et la femme relèvent de l'autorité publique, enfin à dire : qu'ils doivent en relever aussi en qualité d'époux.

Mais de quelle source découlera cette autorité ?

- De la force ? C'est l'anéantissement de la justice.

De la justice ? Elle ne peut être pour vous qu'une émanation de l'idéal, c'est-à-dire, suivant vous-même, l'anéantissement de toute justice non automatique, de toute justice éternelle ou réelle ; car vous oubliez encore que la méthode sérielle vous a conduit à dire : « *tous tant que nous vivons, nous sommes des automates,* » et vous l'établissez plus positivement encore lorsque poursuivant votre démonstration vous déclarez : « que le mariage est une FONCTION de l'humanité ; que hors cette FONCTION, l'amour devient un fléau, la distinction des sexes n'a plus de sens ; la perpétuation de l'espèce constitue pour les vivants un dommage réel ; la justice est contre nature et le plan de la création absurde. »

En effet, si l'humanité fonctionne en réalité et n'agit qu'en apparence, la liberté dans ce cas n'est qu'une illusion et l'automatisme général une vérité.

Mais revenons à la théorie du mariage.

PROUDHON. — Cette théorie résulte de la discussion et le résultat de cette discussion se trouve être :

« Réduction de l'amour à l'absurde, par son mouvement même et sa réalisation.

« Réduction de la femme au néant par la démonstration de sa triple et incurable infériorité. »

(Id. id., T. III, p. 430.)

COLINS. — Joignez-y la réduction de l'homme à l'automatisme et vous serez parvenu à trouver de magnifiques éléments pour constituer une théorie du mariage.

Trouvez bon que nous en restions là pour aujourd'hui.

SEPTIÈME DIALOGUE.

—

PROUDHON. — Malgré toutes vos objections qui ont pris à notre dernière entrevue une nouvelle forme, celle de l'exposition presque continue de votre système, alors que vous preniez à peine le
souci du mien, je vais continuer la tâche
que je me suis imposée de vous initier à
ma théorie, si toutefois vous m'en laissez
la possibilité au milieu de vos incessantes
interruptions.

COLINS. — Il me semble que nous pour-
rions employer un meilleur moyen de discussion, c'est-à-dire : accompagner chacune de nos phrases d'une espèce d'ano-
tation, ainsi que je l'ai fait moi-même
presque constamment dans mes ouvrages,

me conformant en cela à la méthode de Bayle.

PROUDHON. — Quelque défavorable que soit pour moi un pareil mode, du moment qu'il vous paraît préférable, je l'accepte ; surtout s'il doit rendre vos démonstrations plus claires.

COLINS. — Je vous remercie de votre condescendance ; commencez donc.

PROUDHON. — Après ce que je vous ai dit précédemment, j'arrive à deux théorèmes capitaux, qui en sont la conséquence :

PREMIER THÉORÈME.

Nécessité pour la justice de se créer un organe.

COLINS. — Il est évident que si la justice est automatique comme la génération et la digestion, il faut à la justice un organe pour *justicier*, comme il faut à la digestion un organe pour *digérer ;* en effet toute fonction est le résultat d'un or-

gane ou d'un ensemble d'organes. Alors,
de même qu'il y a les organes de la digestion, les organes de la génération, il
doit y avoir les organes de la justice.

Par analogie, j'aurais cru que l'organe
de la justice était le cerveau. C'était au
moins l'avis de Cabanis, le matérialiste
par excellence ; mais d'après votre méthode, il paraît que Cabanis était dans
l'erreur. Quoi qu'il en soit, avant de parler de l'organe de la justice, voyons d'a-
bord sa nécessité.

PROUDHON. — « Au-dessus des trois règnes de la nature, minéral, végétal, animal, s'élève un quatrième règne, le règne de l'esprit libre, règne de l'idéal et
du droit ; en d'autres termes, le règne
de l'humanité. »

(Id. id., T. III, p. 432.)

COLINS. — Le règne de l'esprit libre au
sein de « *cette immense machine qui pense
aussi et qui va toute seule ! ! !*... » A quoi
songez-vous donc ? Si le règne de l'esprit
libre est le règne de l'idéal, c'est le règne du rien du tout, vous le savez bien ;
c'est un règne qui conduit l'humanité à

sa perte, car le règne de l'esprit libre
n'ést alors qu'une calembredaine, dont
vous parlez comme de l'immatérialité que
vous ne distinguez qu'en paroles de la
matérialité ; c'est un règne qui ne doit fi-
gurer que pour mémoire.

PROUDHON. — « Pour que ce règne subsiste, il faut que la loi qui le constitue,
à savoir : *la justice*, pénètre les âmes autrement que comme une simple notion,
un rapport, une idée pure ; il faut qu'elle
existe dans le sujet humain à titre de sentiment, d'affection, de faculté, de fonction,
la plus positive de toutes les fonctions et
la plus impérieuse. »

(Id. id., T. III, p. 432.)

COLINS. — Distinguer les âmes de la
matière, et ce, quand on est soi-même
matérialiste, c'est voiler l'absurde sous le
ridicule. Identifier la faculté qui implique
la liberté à la fonction, qui implique la
nécessité, ne vaut pas mieux.

Pourquoi ne pas dire que l'estomac
simule la liberté de digérer, et que l'homme libre, fonctionnant la justice, n'est pas
plus libre que l'estomac ? Affirmer la li-

berté de la fonction, c'est rendre l'organe
de la justice aussi libre de tuer un homme,
que l'estomac de digérer une pomme.

PROUDHON. — « Sans cette réalisation
animique, la justice se réduisant à une
vue de l'esprit, ne commanderait pas à la
volonté, ce serait une manière hypothétique de concilier les intérêts dont l'égoïsme pourrait à l'occasion reconnaître l'a-
vantage, mais qui par elle-même ne l'o-
bligerait pas et semblerait même ridicule
dès qu'elle entraînerait pour lui un sacrifice. »

(Id. id., T. III, p. 432).

COLINS. — Parler d'une réalisation animique sans songer à distinguer l'âme du
corps, sans l'avoir fait, sans vouloir le faire,
c'est reconnaître que la réalisation animique est un idéal, employé là pour faire
concevoir la chose.

Parler de volonté *au sein de l'immense
machine qui pense aussi et qui va toute
seule*, c'est dire que cette volonté est semblable à celle de l'estomac digérant des
pommes cuites.

Il n'y a véritablement que l'automatisme

d'un organe fonctionnant la justice, qui puisse remédier suffisamment à ce que peut avoir d'idéal cette même réalisation animique.

PROUDHON. — « La vue, l'ouïe, l'odorat, le goût, le toucher, ont chacun leur organe; l'amour a le sien, la pensée a aussi le sien qui est le cerveau..... »

COLINS. — Lequel cerveau, sans doute, est aussi libre que l'estomac?

PROUDHON. — « .... Et dans le cerveau, chacune des facultés de la pensée a son petit appareil. »

(Id. id., T. III, p. 434.)

COLINS. — Eclaircissons un peu ce passage.

Si le cerveau a des facultés, l'estomac doit en avoir aussi, alors ces deux organes seront libres de ne plus fonctionner, c'est-à-dire de ne plus obéir aux lois de la nécessité.

Est-ce là ce que vous avez voulu dire?

PROUDHON. — Admettez tout ce que vous voudrez, mais laissez-moi compléter

9

ma pensée, sans quoi nous n'en finirons jamais.

« Comment la justice, faculté souveraine., n'aurait-elle pas son organisme proportionné à l'importance de sa fonction.

(Id. id., T. III, p. 434).

COLINS. — Faculté souveraine dans votre bouche ne peut signifier que nécessité souveraine, mais ce n'est pas à cela que se borne mon observation ; bien que vous m'ayez fait grâce de la plupart des développements de votre système, je n'ignore pas, qu'à propos du sujet qui nous occupe, vous vous êtes posé cette question : « Où est l'organe de la justice? » et que cet organe paraissait devoir.exister dans l'organisme humain, puisque, selon vous-même, la justice est inhérente à l'homme.

Vous aviez dit aussi : « la justice a son foyer dans l'âme humaine, ou elle n'existe nulle part ; elle est de l'homme ou elle n'est rien. »

Or, voilà que maintenant il ne s'agit plus d'un organe inhérent à l'homme, il s'agit d'un organisme séparé de l'homme et inhérent à la justice ainsi séparée de lui ; il ne s'agit plus d'une justice existant au sein de l'homme individuel, il s'agit d'une justice dont l'organisme est séparé de l'individu !

Dès que l'âme séparée du corps appartient à l'idéal, je conçois qu'il ne doive pas plus vous en coûter de rendre la justice inhérente à l'hommé par l'idéal, que de l'en séparer aussi par l'idéal.

Au moyen de l'idéal, on peut affirmer toutes les folies possibles ; *e sempre bene.*

PROUDHON. — Puisque vous revenez sur les points antérieurs de ma discussion, pourquoi n'y ajoutez-vous pas celui qui complète ma pensée :

. . . « l'amour ayant son point de départ dans l'animalité, son moteur dans l'imagination, oscille entre deux extrêmes inséparables et irréductibles, qui sont les sens et l'esprit, la chair crue, si j'ose dire ainsi, et l'idéal. »

(Id. id., T. III, p. 431.)

COLINS. — Cela complète en effet votre pensée, c'est-à-dire que, suivant vous, l'âme, l'esprit, chez l'homme, c'est l'idéal, c'est la bêtise ; tandis que le réel, le positif, c'est la chair crûe......

PROUDHON. — « Je l'avoue pour ma part, quelque étrange que les habitudes de notre esprit nous fassent paraître cette idée d'un organisme correspondant à la justice, comme le cerveau correspond à l'intelligence, j'aurais peine à croire à la réalité d'une loi morale et à l'obligation qu'elle impose, si cette réalité ne devait avoir de gage que ce mot vague de conscience, par lequel nous avons désigné la fonction dans une précédente étude.

« C'est donc très sérieusement, selon moi, qu'après avoir déterminé spéculativement dans ses termes principaux, la justice comme loi ou rapport, et en avoir constaté le néant dans les systèmes religieux, nous devons en chercher encore la condition physiologique ou fonctionnelle, puisque sans cela elle reste pour nous comme un mythe, une hypothèse de notre sociabilité, un commandement étranger à notre âme, au fond un principe d'immoralité. » (Id. id., T. III, p. 434 et 435.)

COLINS. — Vous nous aviez donné la conscience comme organe de la justice ; vous répudiez maintenant l'automatisme de la conscience résultant de l'automatisme du cerveau ; et ne sachant plus comment sortir de l'idéal la réalisation animique, vous vous précipitez la tête la première dans un organisme de justice étranger aux individus ! Ne serait-il pas temps de sortir de l'impasse dans laquelle vous vous êtes engagé ?

Vous avez reconnu qu'une seule chose pouvait servir de base à la justice réelle, que c'était la réalité de la religion, appelée par vous la réalisation animique ; mais comme vous avez trouvé que toute religion anthropomorphique ne pouvait appartenir qu'à l'idéal, et que vous n'admettez pas, dans votre ignorance vaniteuse, qu'il puisse y avoir de religion autre que celles basées sur l'anthropomorphisme, vous vous êtes lancé dans le panthéisme, et vous n'avez donné à la justice, au positif, que deux conditions physiologiques ou fonctionnelles ; rejetant tout le reste dans l'idéal, dans la folie. Je dois conve-

nir que vous avez réussi au delà de tout
ce que l'on pouvait attendre de l'idéal le
plus étrange, puisque vous affirmez :

SECOND THÉORÈME,

Que l'organe de la justice est l'androgyne ou le couple conjugal.

PROUDHON. — Malgré tous vos sarcas-
mes, laissez-moi vous le démontrer.

« Lorsqu'à l'occasion du libre arbitre,
après avoir constaté que toute fonction
ou faculté . . . . »

(Id. id., T. III, p. 435).

COLINS. — Mais ne confondez donc pas
toujours la fonction qui exclut la liberté,
avec la faculté qui exclut la nécessité.
L'une et l'autre ne sont nullement identiques.

PROUDHON. — Chicane de mots. Je reprends :

... « Après avoir constaté que toute
fonction ou faculté suppose, à peine de
néant, un organe, nous nous sommes demandé : quel est l'organe de la liberté ?

« Nous avons répondu que c'était tout l'homme, et nous avons motivé notre réponse sur cette considération, que la liberté, embrassant dans son domaine la totalité des facultés, elle ne pouvait avoir pour organe que la totalité de l'organisme, d'où la définition que nous avons donnée à l'homme : *une liberté organisée.*

« Continuons : Si la liberté embrasse dans son exercice la totalité du sujet humain, la justice à son tour exige plus que cette totalité, elle dépasse la mesure de l'individu ; elle reste boiteuse chez le solitaire et tend à s'atrophier ; c'est le pacte de la liberté, ce qui suppose au moins deux termes ; sa notion seule, synonyme d'égalité ou de balance, implique un dualisme.

« L'organe juridique se composera donc de deux personnes. »

(Id. id., T. III, p. 435 et 436).

« La nature donc a donné pour organe à la justice, la dualité sexuelle ; et comme nous avons pu définir l'individu humain, *une liberté organisée*, de même nous pouvous définir le couple conjugal : *une jus-tice organisée.*

« Produire de la justice, tel est le but supérieur de LA DIVISION ANDROGYNE ; la génération et ce qui s'en suit ne figure plus ici que comme accessoire. »

(Id. id., T. III, p. 437.)

COLINS. — Avant de pénétrer plus avant dans la démonstration de votre second théorème, permettez-moi de vous faire observer, une fois de plus, que vous paraissez n'entendre la liberté qu'à la manière de votre fameuse formule :

« Tous tant que nous vivons, nous ne sommes...... que des automates. »

Et en effet, quand vous dites que l'homme est une liberté organisée, vous prenez la liberté pour l'idéal et l'organisme pour la réalité.

Il vous aurait été si facile, cependant, de reconnaître le dualisme de la tendance de raison basée sur l'existence d'une immatérialité, et de la tendance de passion résultat de l'organisme comme existant chez chaque individu, ce qui vous aurait fourni une explication claire, rationnelle,

incontestable de la réalisation animique !
Mais cela n'aurait pas fait le compte
de votre méthode sérielle ; et comme
par son moyen vous aviez déjà réussi
à faire comprendre la liberté de l'automatisme, il vous a semblé qu'il ne
vous serait pas plus difficile de faire admettre aussi que ce dualisme résultait de
l'ensemble accidentel de deux individus,
et que le mariage était l'organe de la justice ; ce qui, soit dit en passant, donne
de l'unité de droit, c'est-à-dire de la justice réelle une bien belle opinion !

Quelle admirable découverte, en effet,
que le mariage sécrétant la justice, comme
le foie sécréte la bile !......

Peut-être ferions nous bien d'en rester
ici pour aujourd'hui, afin de nous laisser
le temps de sécréter une aussi splendide
conception ?

HUITIÈME DIALOGUE.

—

PROUDHON. — Il est vraiment par trop
fastidieux de discuter suivant le mode que
nous avons adopté la dernière fois, et
quelqu'envie que j'aie de vous être agréable, il me serait impossible de m'y soumettre de nouveau.

Je vais résumer cette fois ce que j'ai
établi à l'appui de mon second théorème,
savoir : « QUE LE COUPLE CONJUGAL EST
UNE JUSTICE ORGANISÉE ; QUE PRODUIRE
DE LA JUSTICE, EST LE BUT SUPÉRIEUR
DE LA DIVISION ANDROGYNE. »

« La femme, ai-je dit, est belle, belle
dans toutes ses puissances ; or la beauté
devant être chez elle tout à la fois l'ex-

pression de la justice et l'attrait qui nous y porte, elle sera meilleure que l'homme. Elle va devenir par sa beauté le moteur de toute justice, de toute science, de toute industrie, de toute vertu.

(Id. id., T. III, p. 438.)

COLINS. —Je suis enchanté de cette réhabilitation de la femme. Je vous avoue qu'après vous l'avoir vu considérer comme inférieure à l'homme, sur tous les points, j'avais peur de la voir repoussée de tout partage, de toute coopération à l'organe de la justice. Il me semble même que votre réhabilitation est plus complète que la condamnation, car au lieu d'en faire l'égale de l'homme, vous me paraissez l'avoir faite supérieure à lui.

PROUDHON. — Il n'en est pas tout-à-fait ainsi, et il faut tirer une autre conclusion de ce que viens de dire.

« D'où vient d'abord la beauté de la femme ? Notons ceci : de l'infériorité même de sa nature.

(Id. id., T. III, p. 438.)

COLINS. — J'avoue que je ne m'attendais pas à celle-là.

Comment ! c'est parce que la femme est
le moteur de toute justice, de toute
science, de toute industrie, de toute vertu
que vous la déclarez inférieure à l'homme,
et c'est de cette infériorité, dites-vous,
que lui vient sa beauté ? En vérité, je
rendrai grâce à la méthode sérielle, si
elle parvient à vous tirer de cette impasse.

PROUDHON. — Rien n'est cependant
plus facile.

« La nature pousse donc rapidement
le sexe à la beauté ; le but atteint, elle
s'y arrète. Tandis que l'homme passe outre, elle semble dire à la femme : tu
n'iras pas plus loin, car tu ne serais plus
belle. »

(Id. id. T. III, p, 439.)

COLINS. — Et c'est là toute votre démonstration ! Je ne vous en fais pas mon
compliment.

Voyons, raisonnons en dehors de tout
lyrisme, de toute idylle.

Le mariage, devenu l'organe de la justice, n'a pas lieu nécessairement et seulement entre l'homme et la femme belle,

il a lieu aussi quand la femme est laide ;
dans ce dernier cas, la femme cesse-t-
elle par le fait de sa laideur d'être le moteur de toute justice, de toute science, de
toute vertu ; ou bien faut-il, pour compléter votre pensée, établir divers degrés
de beauté et de justice, et reconnaître
qu'il y a une échelle ascendante de l'une
comme de l'autre ?

Convenez avec moi que de pareilles
puérilités ne supportent pas l'examen.

J'en dirai tout autant de votre appréciation en ce qui concerne les qualités
que vous prêtez à l'esprit féminin ; tantôt
c'est un miroir qui reflète les pensées de
l'homme sous un angle qui les lui fait paraître plus belles si elles sont justes, plus
absurdes si elles sont fausses ; tantôt c'est
une intelligence qui nous oblige à simpli-
fier notre savoir, à le condenser en des
propositions faciles à retenir comme de
simples faits et dont la compréhension in-
tuitive, aphoristique, imagée, tout en
mettant la femme en partage de la philosophie et des spéculations de l'homme,
lui en rend à lui-même la mémoire plus

nette, la digestion plus légère. « Comme
le visage de la femme, dites-vous, est le
miroir de l'homme pour le respect de son
propre corps, de même l'intelligence de
la femme est aussi le miroir où il con-
temple son génie. »

Puis vous ajoutez :

« Il n'est pas un homme parmi les plus
savants, les plus inventifs, les plus pro-
fonds, qui n'éprouve de ses communica-
tions avec la femme une sorte de rafraî-
chissement ; c'est par là, du reste, que
s'accomplit la diffusion des connaissances
et que l'art ravit les multitudes. »

Et toutes ces belles choses vous les avez
écrites après avoir dit ailleurs :

« Que celui qui veut conserver entière
la force de son corps et de son esprit,
fuie la femme ; elle est meurtrière. »

Mais si la femme est ainsi meurtrière,
pourquoi l'encensez-vous ; pourquoi la
divinisez-vous en disant:

« Que les vulgarisateurs sont en général des esprits féminisés ; que l'homme
n'aime point à servir la gloire de l'homme ; et que la nature prévoyante (cette

immense machine, vous savez, qui pense
aussi et qui va toute seule) a chargé la
femme de ce rôle ? »

« Ainsi l'impression produite par la
beauté de la femme s'accroit de celle que
produit le tour de son esprit ; parce que
cet esprit a moins d'audace, de puissance
analytique, déductive et synthétique, qu'il
est plus intuitif, plus concret, plus beau,
il semble à l'homme, et il l'est en effet,
plus circonspect, plus prudent, plus ré-
servé, plus sage, plus égal. C'est la Mi-
nerve protectrice d'Achille et d'Ulysse, qui
apaise la fougue de l'un et fait honte
à l'autre de ses paradoxes et de ses
roueries. »

Je pourrais croire que là s'arrête votre
enthousiasme et que vous allez un peu
suspendre votre dithyrambe, pour ne pas
trop contredire ce que vous avez si dédai-
gneusement établi sur l'infériorité de la
femme ; mais votre dada une fois lancé,
il ne vous est plus possible de le retenir.

Vous vous mettez à faire un commen-.
taire complet des litanies de la Vierge ;

vous vous exaltez même jusqu'à avouer,
que vous n'avez jamais pu entendre chan-
ter ces litanies sans un frisson de volupté,
et vous considérez comme un bonheur
que la jeunesse qui d'ailleurs ne s'en
soucie guère, n'y comprenne rien. « O pia!..
O benigna !.... O regina !.... c'est à devenir fou d'amour. »

Quel volcan ! Heureusement vous ajoutez aussitôt :

« Et l'amour même inspiré par la religion, même sanctionné par la justice, je
ne l'aime pas. »

Permettez-moi de vous dire que cela
ne m'étonne pas du tout, puisque vous
n'avez jamais pu, au moyen de la méthode sérielle, distinguer l'amour d'intelligence de l'amour de bête, l'amour de
l'homme libre de l'amour par la grande
machine qui pense aussi et qui va toute
seule.

Mais, assez comme cela d'un sujet qui
menaçait de tourner en attendrissement
singulièrement intempestif; et revenons,
si vous le voulez bien, au mariage con-

sidéré comme étant l'organe de la justice,

PROUDHON. — Soit.

« Considéré dans sa matérialité, le système social repose tout entier sur la distinction des sexes ; par là l'éthique fait
suite à l'histoire naturelle ; le règne social
continue les trois règnes antérieurs : minéral, végétal, animal ; et le mariage,
constitution à la fois physiologique, esthétique et juridique, se révèle comme le
sacrement de l'univers. »

(Id. id., T. III, p. 464 et 465.)

COLINS. — J'aime à croire que, cette
fois, vous en avez fini avec le mariage,
organe de la justice, avec les vertus et
les défauts de la femme, avec son rôle
vis-à-vis de l'homme, votre enthousiasme
pour les litanies de la Vierge, et tout le
fatras à l'aide duquel vous êtes parvenu
à déguiser la pauvreté de votre théorie,
et la fréquence de vos contradictions.

Avant d'aborder l'examen de votre idée
de la justice dans la révolution, et ne fût-
ce que pour protester contre l'étrangeté

10

de vos doctrines, qu'il me soit permis de les réfuter en quelques mots. Je sais que cela ne changera pas une seule de vos idées, et que votre sérénité à les produire sera toujours la même ; mais j'aurai du moins rempli mon devoir, ainsi que je l'ai fait pendant tout le cours de ma longue existence, et bien que je sois *vox clamantis in deserto*, cela ne m'empêchera pas d'élever la voix.

Le mariage qui, suivant vous, doit exister, au ciel, sur la terre et en tous lieux, qui est l'organe de la justice, qui pour être réel, positif, doit être unitaire, inviolable, indissoluble, et qui ne l'a jamais été, se trouve donc, en tant qu'organe de la justice, être réduit à l'idéal, c'est-à-dire à l'automatisme.

Quant à la sanction de la justice, c'est la nécessité de la matière, c'est la force pour les panthéistes et vous êtes de ce nombre ; c'est pour les croyants, un anthropomorphe quelconque, dont personnellement vous faites autant de cas que du bout du nez de Marc-Antoine.

Sachez-le donc, le mariage n'est pas

plùs l'organe de la justice, que ne l'est une révélation arbitraire.

L'organe de la justice sociale, ou plutôt, pour rejeter ce langage de l'automatisme, l'interprète de la justice sociale, c'est en époque d'ignorance sociale et de possibilité de comprimer l'examen, UNE FOI commune formant conscience publique, et en époque de connaissance, c'est LA SCIENCE commune formant conscience publique.

En époque d'ignorance et d'impossibilité de comprimer l'examen, impossibilité qui anéantit toute foi commune, toute conscience publique, sans pouvoir établir ni la science commune, ni la conscience publique basée sur cette science, il n'y a plus de conscience publique possible.

Il n'y a de possible alors : qu'une prétendue liberté qui s'imagine pouvoir supprimer le spirituel en le plaçant dans le domaine de l'idéal, et introniser le temporel en ne reconnaissant, comme positif, que le matériel.

Pendant cette triste époque qui est la nôtre, il n'y a plus de justice possible, et vous-même vous l'avez affirmé, ainsi que les passages suivants en font foi :

« Chez nous le spirituel est systématiquement séparé du temporel, ce qui veut dire que nous n'avons pas de conscience commune, pas de foi juridique, pas d'esprit de famille, et que même nous nous sommes interdit, de par nos pragmatiques sanctions, nos constitutions et nos concordats, d'avoir chez nous rien de pareil.

« Comment donc pouvons-nous accuser le prince de tyrannie, c'est-à-dire de forfaiture à la conscience publique, quand nous ne savons pas nous-mêmes ce qu'est cette conscience ?

« Pas de loi, pas de crime : c'est le premier axiome du droit pénal. »

(Id. id., T. III, p. 565).

« Nous avons perdu jusqu'à la notion du droit. Nous ressemblons à une nation de contrebandiers, nous traitons la justice comme la douane; chacun demande protection pour la marchandise qu'il vend, liberté pour celle qu'il achète, et comme les deux ne peuvent aller ensemble, tout le monde se livre à la fraude. Pas vu, pas pris; celui qui se laisse saisir paye l'amende; mais n'est point déshonoré.

« Sur ce, les plus harcelés posent la question : Si la liberté de commerce étant de droit naturel, il est permis de résister à la douane, même par les armes ? A quoi je réponds : Faites la balance des forces et des services et vous n'aurez plus affaire au douanier. Hors de là, vous êtes des fripons, des brigands. »

(Id. id., T. III, p. 574),

PROUDHON. — Et bien ! que dites-vous à cela ?

COLINS. — Bravo ! bravissimo ! Ce tableau final est plein de verve et me fait comprendre comment avec tant d'essences grossières, vous parvenez à détourner l'attention de ceux qui se laissent séduire par vos brillantes images. Mais ne vous y trompez pas, vous êtes bien loin d'indiquer le remède à apporter aux maux que vous signalez si éloquemment.

Pour cela, il faudrait renverser de fond en comble tout votre système et commencer par proclamer que quand vous avez donné le mariage comme organe de la

justice publique, vous avez commis un
acte de vanité et en demander pardon au
public, ce que vous ne ferez certainement
pas.

Passons donc à votre démonstration de
la justice dans la révolution ou, pour mieux
dire, faisons-en l'objet de notre prochaine
entrevue.

NEUVIÈME DIALOGUE.

—

PROUDHON. — Nous voilà donc enfin sortis de cette longue dissertation sur *la foi conjugale* et sur *la foi juridique*, dont le mari et la femme sont l'organe commun.

Voyons si nous nous accorderons mieux snr LA FOI POLITIQUE, c'est-à-dire sur ce que j'ai intitulé : « *la justice dans la révolution* » et qui n'est autre sous un titre différent, que la foi sociale.

COLINS. — Je suis prêt à vous écouter avec la plus grande attention ; mais je dois vous prévenir à l'avance que je considère cette matière comme tellement importante, qu'il me sera bien diffiicile, si vous ne.

changez pas de méthode. de vous suivre longtemps sans vous interrompre.

PROUDHON. — Essayons néanmoins.

« On accorde que la justice est obligatoire, même sans espoir de rémunération ici bas, mais on ne renonce pas à l'espoir d'une indemnité dans un monde meilleur; en-sorte que ce prétendu devoir n'est au fond qu'un crédit que nous faisons au répartiteur souverain. Quelle hypocrisie ! »

(Id. id,, T. I, p. 33).

COLINS. — Permettez-moi, Monsieur, de vous faire observer : que la justice, si elle existe, est le sacrifice de son bien-être à un principe ordonnant ce sacrifice. Quand vous dites qu'elle est obligatoire, même sans espoir de rémunération ici bas, vous êtes dans le vrai, mais sous une condition, vis-à-vis de la raison : c'est que ce sacrifice sera raisonnable.

Or, rien ne peut rendre ce sacrifice raisonnable que, non l'espoir, mais la certitude réelle ou illusoire qu'il est commandé par la raison, et que ce commandement de la raison sera sanctionné extra-vitalement; sinon, ce sacrifice volon-

taire serait la plus énorme folie lorsque
la force brutale ne le rendrait pas obligatoire.

L'espoir seul ne fera jamais sacrifier le
présent à l'avenir. La seule certitude
réelle ou illusoire en est capable. Or, la
certitude illusoire est relative à une foi
anthropomorphique, tandis que la certitude réelle est relative à la science réelle,
et quand on n'a pas l'une de ces certi-
tudes, le sacrifice de son bien-être sur
l'autel de l'espérance est absurde, puisque
cette espérance n'est jamais qu'un scepticisme.

L'hypocrisie est donc du côté de ceux
qui affirment qu'il faut se sacrifier sans
raison, et ceux-ci ne peuvent sortir de
l'hypocrisie que pour se placer dans la
folie. A cet égard, il n'y a qu'une troisième alternative, c'est de dire que le sacrifice de son bien-être ne dérive ni de
la raison, ni de la folie, mais bien de
l'organisme, de l'automatisme.

Alors, il n'y a point sacrifice; il n'y a
que fonctionnement. Le sacrifice implique
la liberté, et là où il y automatisme, il

n'y a pas de liberté. L'aérolithe qui se brise en tombant sur un roc, ne fait pas de sacrifice, il fonctionne.

Ce que je viens de vous dire, vis-à-vis de la raison, devrait suffire pour vous démontrer que la sanction ultra-vitale est absolument nécessaire à l'existence de l'ordre, vie sociale.

Malheureusement, dit Descartes, les bonnes raisons ont peu de force pour persuader la vérité ; de même que la lumière a peu de force pour éclairer les aveugles. Or, vis-à-vis du raisonnement les hommes à préjugés sont aveugles. C'est pourquoi je m'attends à vous voir continuer votre sujet, comme si je ne vous avais rien dit.

PROUDHON. — En effet, votre interruption ne m'ayant pas convaincu, je reprends mon exposé :

« Un voile de mystère est répandu sur toutes les choses de la vie morale. »

(Id. id., T. I, p. 39)

« Ici je me demande : Qu'est-ce que la justice, le droit, le devoir, la conscience, l'égalité, le gouvernement, l'Etat, la raison d'état, la liberté, le progrès, le mariage, la paternité, la famille, l'amour, la femme, le travail, la propriété, l'idéal, la tolérance, la peine, la mort, la sanction morale, la religion, la prière, Dieu? etc., etc., et qu'ont de commun toutes ces choses avec la justice? »

(Id. id., T. I, p. 39 à 41.)

COLINS. — Vous n'y connaissez rien et je vous approuve d'en convenir, car en cette époque d'ignorance sur la réalité de la raison, il est impossible de faire à l'une de ces questions aucune réponse qui ne soit rationnellement contestable.

PROUDHON. — Ce n'est pas absolument ainsi que je l'entends, et vous allez voir la cause de mon doute.

« Grosse entreprise de dégager de la masse des faits humains, les principes qui les régissent, de tirer au clair une douzaine de notions que le passé nous a léguées sans les comprendre, et pour lesquelles nous combattons, comme ont combattu nos pères. »

(Id. id., T. I, p. 42.)

COLINS. — C'est-à-dire : sur le terrain

de l'ignorance. Or, que peut-il résulter de pareils combats? Des solutions dépendant de la force, renversées par des solutions appuyées par des forces supérieures et en présence de l'incompressibilité de l'examen, en présence de l'impossibilité de transformer la force brutale en raison, en bonne raison, en droite raison, EN DROIT, il en résulterait la mort sociale, si la raison, la bonne raison, la droite raison, le DROIT enfin, ne pouvait devenir, socialement, supérieur à la force.

PROUDHON. — En continuant ainsi à suivre chacun notre idée, il nous sera difficile de nous entendre.

Voulez-vous, oui ou non, me laisser continuer, ou faut-il vous laisser épuiser votre verve ?

Puisque vous restez silencieux, je poursuis :

« En résumé, quel est le principe fondamental organique régulateur, souverain des sociétés, principe qui, subordonnant tous les autres, gouverne, protége, réprime, châtie, au besoin exige la suppression des éléments rebelles ?

« Est-ce la religion, l'idéal, l'intérêt?

« Est-ce l'amour, la force, la nécessité ou l'hygiène?

« Il y a des systèmes et des écoles pour toutes les affirmations

« Ce principe souverain, *suivant moi*, c'est la justice. »

(Id. id., T. I, p. 42.)

COLINS. — Du moment que vous n'aviez à offrir qu'un simple « *suivant moi* » pour les résoudre, il ne valait guère la peine de faire étalage d'un pareil luxe de questions.

Voyons si je serai plus chanceux que vous, et si je parviendrai à .prouver que vis-à-vis de la science, vis-à-vis de la raison, la justice est incontestablement le principe souverain des sociétés.

Définissons d'abord la valeur du mot souverain.

Si la justice est souveraine et quelle que soit la valeur du mot justice, elle est absolue. indépendante, éternelle ; sinon, elle est relative, dépendante, temporelle ; et dans ce cas, comme elle dépend de la force, elle n'est pas souveraine. Ou bien,

la prétendue souveraineté est le résultat
de l'automatisme, lé résultat de la fatalité,
le résultat de l'organisme ; et alors la
souveraineté n'a aucun rapport avec la
liberté, ce qui anéantit toute souveraineté réelle, exclusivement relative au raisonnement.

Maintenant que peut signifier le mot
justice ?

La justice, en dehors de tout mysticisme religieux, dérivant d'un anthropomorphisme ; en dehors de tout mysticisme
irréligieux dérivant d'un panthéisme ; la
justice ne peut être que l'expression de
la raison considérée comme réelle.

Si tout dérive de la fatalité, de l'automatisme, il n'y a ni bien ni mal ; et la
justice est une illusion.

Si la justice est plus qu'une illusion,
elle est, je le répéte, l'expression de la
raison.

D'autre part, la raison qui implique liberté, est une illusion ou une réalité.

Si elle est une illusion, il n'y a pas de
réponse réellement raisonnable à faire à

toutes vos questions, puisqu'alors elles ne
sont que des résultats d'automatisme.

Si la raison est réelle, le principe souverain auquel les individus, en vertu de
leur liberté, doivent se soumettre volontairement, est le bon raisonnement et l'ensemble de ces individus compose la société. Alors le bon raisonnement n'est pas
celui de tel ou de tel, il est l'expression
impersonnelle de l'éternelle raison.

Il est cependant une condition, *sine quá
non*, à la domination sur la société de ce
principe souverain ; c'est que la raison
soit démontrée réelle d'une manière incontestablement scientifique ; que le bon
raisonnement, expression de cette raison,
soit également démontré pouvoir être
distingué du mauvais, et que la nécessité
sociale ait forcé de rendre ces démonstrations rationnellement incontestables vis-à-
vis de tous et de chacun.

En effet, lors même que la raison exis-
terait en réalité, si l'ignorance ne per-
mettait pas de distinguer le bon raisonnement du mauvais, et cela d'une manière
rationnellement incontestable, le principe

souverain ne serait pas encore le bon
raisonnement, dérivant de l'éternelle raison, il serait exclusivement le raisonnement dérivant de la force ; et comme la
force brutale ne peut donner à une société qu'une durée éphémère, le principe
souverain serait alors et seulement un raisonnement dérivant de la force, mais que
la force transformerait en bonne raison,
en droite raison, et par abréviation en
droit, en le faisant accepter comme vérité, par l'éducation dont elle s'empare-
rait, en lui donnant le titre de vérité révélée. Alors la croyance en cette vérité
non démontrée, se nommerait FOI.

Pendant toute l'époque d'impossibilité
de distinguer le bon raisonnement du
mauvais et pour aussi longtemps que la
force peut dominer la société, le principe
souverain est donc une foi quelconque,
et la JUSTICE est alors l'obéissance à une
FOI.

Puis, lorsque cette transformation de la
force en droit devient impuissante comme
souveraine sociale, la force brutale rede-
vient seule souveraine, et toute société

périrait, si l'ignorance sur la réalité de la raison, et sur la possibilité de distinguer le bon raisonnement du mauvais, ne venait à se trouver anéantie par l'intronisation de la science réelle démontrant la réalité de l'éternelle raison, de l'éternelle justice; et substituant comme souverain la justice qui est l'obéissance relative à la science, à la justice, qui n'est que l'obéissance relative à une foi.

Comme vous le voyez par ces explications, toutes conformes à ce que j'ai démontré dans tous mes ouvrages et notamment dans LA SCIENCE SOCIALE, votre proposition : « *le principe souverain, suivant moi, est la justice,* n'a aucun sens déterminé.

PROUDHON. — Cette digression quoique passablement longue, est peut-être la plus claire que vous m'ayez donnée ou du moins que j'aie saisie. Que dites-vous alors de cette autre définition : « La justice est l'essence même de l'humanité. »

(Id. id., T. I, p. 42.

COLINS. — Je vous répondrai que cette

11

définition est aussi vague que l'autre, car elle ne présente aucun sens déterminé.

Je viens de vous dire, en effet, que pendant toute l'époque d'ignorance sur la réalité de la 'raison, et sur la possibilité de distinguer scientifiquement le bon raisonnement du mauvais, la justice relative à la science était impossible comme souveraine, et qu'il y avait autant de justices relatives aux différentes fois possibles, qu'il y avait de forces pouvant successivement triompher. Dès lors, et pour l'époque d'ignorance qui dure encore, dire que la justice est l'essence de l'humanité, c'est dire qu'il y a autant d'humanités que de justices différentes ; c'est dire en époque d'incompressibilité de l'examen, qu'il y a autant d'humanités différentes, non pas seulement que d'individus, mais que de passions différentes dans l'ensemble des individus.

L'essence de l'humanité n'est pas la justice, c'est le raisonnement, ou plutôt la possibilité de raisonner au moyen du verbe ; et tant que l'ignorance n'est pas anéantie, il y a autant de raisonnements qui peuvent être pris pour justice qu'il y a, je le répète, de passions différentes. Dire, alors, que la justice est l'essence de l'humanité, équivaut à dire, que l'essence d'une forêt est une feuille. Et la forêt aurait autant d'essences que de feuilles différentes, fut-elle même composée d'arbres d'une même espèce et d'une même essence.

PROUDHON. — Puisque ma définition ne peut trouver grâce à vos yeux, voyons si je réussirai mieux dans la discussion suivante sur l'état de la société par le temps de justice qui règne :

« En principe et en fait, la justice est la condition *sine quâ non* de la société, toutes les bouches le proclament. Mais, comment, au point de vue de la dignité individuelle mise en jeu, justifier la justice ? Voilà ce qu'aucun de ceux qui mettent en avant le devoir, la société, la divinité, n'a su faire. Et la définition manquant, comme l'affirmation de la loi est commune, sa violation est générale. »

(Id. id., T. I, p. 69 et 70).

« Aussi, tandis que la justice semble la loi de la multitude, d'autant plus obligatoire pour cette multitude que son sort est plus misérable, voyons-nous l'individu, à mesure qu'il grandit eu force, en richesse, en génie, jeter le masque, s'affranchir du préjugé, se poser dans son orgueil, comme si en affichant son égoïsme, il rentrait dans sa dignité. Talent, pouvoir, fortune, furent de tout temps, dans l'opinion du peuple, une cause de dispense des devoirs imposés à la masse.

« Le plus mince auteur, le plus obscur bohème, s'il se croit du génie, se met au-dessus de la loi.

« Qu'est-ce des princes de la pensée et des princes de l'art? des princes de l'église et des princes de l'Etat?....

« Comme la religion, la morale est renvoyée à la plèbe, gare que la plèbe, à son tour, ne tranche du grand seigneur et du bourgeois!... Et qui donc pourrait encore être dupe? N'avons-nous pas depuis soixante-dix ans, changé vingt fois de maximes? Ne sommes-nous pas avant tout adorateurs du succès? Et, tout en

redoublant d'hypocrisie, ne faisons-nous
pas profession de penser et de dire, à qui
veut l'entendre; que le crime et la vertu
sont des mots, le remords une faiblesse,
la justice un épouvantail, la morale un
grelot.

« Justice, morale ! On peut dire d'elle,
ce que les Anglais disent aujourd'hui du
système protecteur, que c'est un brevet
d'invention expiré, une recette devenue
inutile. Hélas ! tout le monde possède ce
fatal secret et se conduit en conséquence.

« Il n'y a point de justice, vous disent
ces pauvres enfants, l'état naturel de l'homme est l'iniquité, mais l'iniquité limitée
et restreinte, comme la guerre qui en
est l'image, par des amnisties, des trèves,
des échanges de prisonniers, des paix pro-
visoires, que la ruse et la nécessité forment et que rompent le ressentiment et
la vengeance.

                (Id. id., T. I, p. 70 et 71).

..... « Une société où la connaissance
du droit serait parfaite et le respect de
la justice inviolable, serait dès lors comme
un sujet soustrait à toute influence exté-

rieure, son mouvement n'obéissant qu'à
une *constante*, ne dépendant plus de *va-
riables*, serait uniforme et rectiligne ;
l'histoire se réduirait, chez elle, à celle
du travail et des études, pour mieux dire,
il n'y aurait plus d'histoire.

(Id. id., T. I, p. 89).

Colins. — Ce tableau est saisissant de
vérité et il eut été impossible d'exprimer
mieux les maux qu'entraîne avec elle l'i-
gnorance sociale, mère des nationalités ;
et de mieux définir les bienfaits qui dé-
couleraient de la connaissance du droit
réel, dont le résultat nécessaire serait l'a-
néantissement des nationalités.

Puisque vous reconnaissez si bien que
tout ce que avez signalé est inévitable en
présence de l'incompressibilité de l'examen, tant que la justice reste basée sur
une foi, soit religieuse, soit irréligieuse,
tant que n'étant pas basée sur la science
elle l'est seulement sur la force, vous devriez à plus forte raison apprécier l'heureux état dans lequel se trouverait l'humanité, si l'ignorance sur la réalité du
droit et sur la réalité de la sanction ultra-

vitale se trouvait anéantie; dans lequel cas je le répète, les nationalités auraient disparu.

Alors, la connaissance du droit étant parfaite et la justice inviolable, l'humanité, socialement parlant, se trouverait comme soustraite à toute influence extérieure. Son mouvement n'obéissant qu'à une cons-tante., c'est-à-dire à LA SCIENCE, ne dé-pendant plus de variantes, c'est-à-dire DES OPINIONS, serait uniforme et rectiligne; l'histoire se réduirait chez elle, à celle du travail et des études; pour mieux dire, il n'y aurait plus d'histoire.

En effet, quelle histoire voulez-vous qu'il y ait socialement, pour une huma-nité au sein de laquelle il n'y aurait plus de nationalités, plus d'opinions; au sein de laquelle le septicisme serait anéanti par l'intronisation de la vérité ?

Vous faites donc tort à votre intelli-gence si remarquable, en vous supposant incapable après les démonstrations que je vous ai fournies, de vous assurer de la réalité de la raison; de la réalité du droit;

de la réalité de sa sanction ; comme supérieure à la force ; en un mot, de la
réalité de la vérité. Et j'attends de votre
loyauté de considérer comme non écrites
les conclusions suivantes :

« Telle n'est pas la condition de la vie
dans l'humanité, et *telle elle ne saurait
être.*

« Le progrès dans la justice, dans la
justice théorique et pratique, est un état
dont il ne nous est pas donné de sortir
et de voir la fin. »

(Id. id., T. I, p. 89 et 90).

N'est-ce pas le cas d'effacer aussi ce
qui suit :

« Est-ce de la justice que ce sentiment
postiche, inspiré par la crainte des dieux
et dans l'intérêt général, *Communi utili-
tate comparata*, de respecter le droit d'autrui comme le sien propre ?

« Vienne le jour où la critique ayant
soufflé sur la foi, la religion sera écartée :

la justice sera perdue et la morale et la
société avec elle. »

(Id. id., T. I, p. 103).

Je vous laisse à vos réflexions sur ce
sujet, nous y reviendrons à notre prochaine entrevue.

DIXIÈME DIALOGUE.

—

PROUDHON. — J'ai été, je l'avoue, quelque peu touché de votre dernière démonstration, mais néanmoins je ne puis encore
séparer la croyance à l'existence d'une
sanction ultra-vitale, de la nécessité d'un
dispensateur personnel des récompenses
ou des peines. Je me fait difficilement à
la pensée que le dispensateur soit imper-
sonnel, qu'il soit seulement l'éternelle justice, l'éternelle harmonie entre la liberté
des actions et la fatalité des événements
ainsi que vous l'appelez. J'ai besoin d'ap-
profondir encore ce système, laissez-moi
donc continuer mon exposé.

COLINS. — Auparavant, voici les réflexions que m'a suggérées votre dernier aperçu , peut-être contribueront-elles à lever de plus en plus le voile qui obscurcit encore votre raison.

Ce n'est pas un sentiment postiche, c'est-à-dire provenant d'une fausse appréciation de la justice, que celui qui nous est inspiré par la crainte des dieux et qui nous fait respecter le droit d'autrui, comme le nôtre propre ; c'est au contraire la seule source possible de justice, tant que l'ignorance ne permet pas de substituer au sentiment postiche imposé par la foi, le raisonnement démontré réel par la science.

Vous convenez ensuite vous-même que jusqu'à présent au moins, la société n'a pu reposer que sur la morale, la morale que sur la justice, et la justice que sur la religion ; or, à quoi peut aboutir votre desir immodéré d'anéantir toute religion ? Est-ce donc à anéantir toute société ?

Non, dites-vous, c'est que la justice n'a nul besoin d'être basée sur la religion, sur une sanction ultra-vitale , qu'elle soit acceptée par la foi que l'examen détruit, ou imposée par la science que l'examen ne pourrait qu'affermir, que rendre indestructible.

Une pareille proposition, en opposition avec la théorie et la pratique de tous les peuples depuis l'origine du monde et dont le résultat serait de rendre la morale indépendante des idées religieuses, aurait besoin, ce me semble, d'être prouvée avant d'être donnée comme ayant une valeur rationnelle quelconque.

Vous l'avez senti, et vous savez que l'inutilité sociale de la religion a été, avant vous, inculquée à la jeunesse du haut d'une des premières chaires de l'université. Son auteur M. Guizot avait été conduit à l'énoncé de cette étrange proposition par la certitude qu'en présence de l'examen, il y avait impossibilité de baser la morale sur une religion anthropomorphique.

Puis, trop ignorant pour démontrer que la religion pouvait n'être pas basée sur une foi, mais sur la science, et trop vaniteux pour s'imaginer que ce qu'il se sentait incapable de démontrer, pouvait cependant être démontrable, il avait lancé sa proposition célèbre de l'inutilité de la religion pour servir de base à la justice ; mais lorsqu'il s'était agi de prouver sa proposition, il avait reculé, ayant probablement reconnu l'impossibilité de fournir une pareille preuve.

Vous, Monsieur, vous avez voulu faire ce que cet illustre professeur avait reconnu impossible et vous avez voulu donner des preuves.

Je ne veux pas vous ravir la gloire de les avoir produites, je me bornerai simplement à dire, que pour échapper à la nécessité sociale de la religion par la liberté, vous avez été obligé d'arriver à la négation de toute religion par la négation de toute liberté.

En effet, en disant : « *Tous tant que nous vivons, nous sommes des ressorts, des pignons et des poids pensants,* » etc., etc., vous affirmez l'automatisme universel, c'est-à-dire le nihilisme ; et vous répudiez de la sorte toute religion, toute liberté, en proclamant que l'homme n'est qu'une machine.

PROUDHON. — Vous êtes beaucoup trop

sévère pour moi, et ce que vous avez réfuté jusqu'à présent prouve jusqu'à l'évidence, qne je ne rapporte pas tout à la matière, ou si vous l'aimez mieux, que je ne professe pas le nihilisme.

COLINS. — Comment pouvez-vous affirmer cela en présence de tous vos ouvrages dans lesquels votre pensée, quoique plus ou moins déguisée, est cependant assez claire pour ne laisser aucun doute à tout œil clairvoyant. Voici, en effet, quelques citations tirées de *la Philosophie du progrès* :

« Il n'y a pas dans l'univers de cause première, seconde, ni dernière, il n'y a qu'un seul et même courant d'existence, le mouvement, voilà tout. »

Que devient alors la cause réelle, la liberté, l'âme ? N'est-ce pas affirmer le matérialisme, le nihilisme ?

« Je conçois le mouvement, comme l'essence de la matière et de l'esprit. »

De plus fort en plus fort ; c'est sans doute aussi l'essence de la justice ?

« Le mouvement en soi, quoique sensible, n'a rien de réel. »

Ainsi le mouvement qui, tout à l'heure était tout : matière et esprit, n'a maintenant rien de réel. *E sempre bene.*

« La condition de toute existence, après le mouvement, est sans contredit l'unité. »

Oui, une unité illusoire, puisque selon vous l'esprit, la matière et la justice n'ont rien de réel. Et c'est ce que vous confirmez vous-même en disant :

« Si nous interrogeons la nature du progrès, elle nous répond : que l'unité de tout être est essentiellement synthétique ; que c'est une unité de composition. Protagoras dit : « *Il n'est rien que par relation à quelque chose.* » « Le UN n'est donc qu'une hypothèse, le moi n'est pas un être, c'est un fait, un phénomène, voilà tout. »

Il est évident que s'il n'y a pas d'individualités éternelles, immatérielles, il ne peut y avoir que des unités illusoires, des unités synthétiques, des unités de composition.

Il est évident aussi que le UN doit rester une hypothèse jusqu'à ce qu'il soit prouvé que des UNS existent réellement ou qu'il est impossible que des UNS existent réellement.

Sortir auparavant les UNS de l'hypothèse, sera donc du mysticisme religieux si on les affirme sans preuve ; ou du mysticisme irréligieux si on les nie, aussi sans preuve.

Et c'est cependant ce que vous faites en niant sans preuve l'existence du MOI. Vous êtes de la sorte aussi mystique qu'un anthropomorphiste affirmant la réalité des âmes créées.

« Tout ce que sait et affirme la raison, c'est que l'être est un groupe.

« Hors du groupe il n'y a que des abstractions, des fantômes. L'homme vivant est un groupe comme la plante et le cristal, mais à un plus haut degré que ces derniers, d'autant plus vivant, plus sentant et mieux pensant, que ses organes, groupe secondaire, sont dans un accord plus parfait entr'eux, forment une combinaison plus vaste. »

Matérialisme et toujours matérialisme ! Mais, c'est en dire assez, pour ne laisser

aucun doute sur votre négation de la liberté, sur votre nihilisme.

PROUDHON. — Je trouve que toutes ces
citations sont étrangères à notre sujet; et
pour ne pas introduire le désordre dans
notre discussion, revenons je vous prie
au point ou nous en étions resté avant
votre digression. Je continue donc en posant cette question :

« Si le droit est primitivement dans la
personne humaine, s'il constitue son apa-
nage, comment ce droit ne peut-il aller
jusqu'à se reconnaître en autrui?

(Id. id., T. I, p. 115.)

COLINS. — Je vous avoue que le sens
de cette question m'échappe entièrement.

Le droit n'est rien, absolument rien,
s'il n'est basé sur une sanction suffi-
sante.

Si la liberté existe, cette sanction ne
peut être : ou que la force brutale temporelle par essence ; ou qu'une sanction supérieure à cette force, supériorité qui par
essence ne peut qu'être éternelle.

Il fallait donc dire pour être clair :

« Si la sanction du droit est primitive-

12

ment, etc., etc., » et non pas : « Si le
droit est primitivement, etc., etc. »

Alors, comme la personne est essentiellement temporelle, on aurait reconnu
facilement qu'il ne peut y avoir de sanction dans la personne que celle de la
force brutale.

J'ajoute, que c'est cette impossibilité de
trouver dans chaque personne une sanction supérieure à la force, qui a obligé
de supposer et de faire accepter qu'elle
existait dans un anthropomorphe éternel.
Si au contraire l'ignorance avait permis
de reconnaître qu'il existait un être immatériel, un être éternel, au sein de chaque personnalité, on aurait évidemment
admis que la sanction éternelle supérieure
à la force, était inhérente à l'éternité
des âmes, à l'éternité de l'humanité
et non au temporel de chaque personnalité.

Et voilà comment la sanction du droit,
d'un droit supérieur à une force qui n'est
pas en sa propre personne, ne peut aller
jusqu'à se reconnaître en autrui, quoique

cette sanction soit inhérente à l'éternité de l'humanité.

PPOUDHON. — Et voilà aussi comment à propos d'une simple question, vous avez de nouveau trouvé le moyen de recommencer votre théorie des immatérialités. Pour peu que cela continue, je finirai par la savoir par cœur et peut-être même par partager vos convictions ; mais pour le moment nous n'en sommes pas encore là.

En attendant, permettez-moi d'exposer encore quelques questions se rattachant à celle que je viens de faire.

1° Comment l'homme est-il incapable de faire droit à l'homme ?

2° A quoi bon cette garantie fantasque des puissances célestes ?

3° N'est-il pas à craindre que tôt ou tard la philosophie attaquant la foi, la fierté virile ne fasse table rase de la religion ?

4° Alors, si le droit ne sait trouver dans le droit sa propre sanction, que devient la justice ? Et si la justice périt, que devient la société ?

5° Que si l'on prétend au contraire qu'à

Dieu seul il appartient d'attester la loi, de la garantir et d'en procurer l'observance, qu'ainsi le sentiment que chacun a de son droit, ne devient respect du droit des autres, que par un effet de la religion, il faut dire que la justice est en nous une prétention sans fondement et que l'homme est le vassal de la divinité. Dès lors, c'est la dignité de l'homme qui est en péril, et de nouveau la religion s'en allant, adieu LA JUSTICE ET LA SOCIÉTÉ.

6° Impossible d'échapper à ce dilemme.

(Id. id., T. I, p. 115 et 116.)

COLINS. — Voici mes réponses à chacune de vos nouvelles questions.

(a) — « Comment l'homme est-il incapable de faire droit à l'homme ? »

— Faire le droit ou sanctionner le droit est temporel, et toute sanction non éternelle n'est autre que celle de la force brutale.

(b) — « A quoi bon cette garantie fantasque des puissances célestes ? »

— A faire accepter sous la garantie de ces mêmes puissances et par une foi, une sanction éternellement supérieure à la force; sanction nécessaire à l'existencè de l'ordre, vie sociale; sanction que l'ignorance sociale empêche de reconnaître par la science être inhérente à l'éternité des âmes, à l'éternité de l'humanité.

(c) — « N'est-il pas à craindre que tôt ou tard la philosophie attaquant la foi, la fierté virile ne fasse table rase de la religion ? »

— Table rase de la religion par l'anthropomorphisme, par la foi, c'est non-seulement possible, mais inévitable en présence de l'incompressibilité de l'examen. Mais la philosophie réelle ne fait pas table rase de la religion par la science.

C'est elle au contraire qui la fait reconnaître et qui l'établit socialement.

(d) — « Alors, si le droit ne sait trouver dans le droit sa propre sanction, que devient la justice. Et si la justice périt, que devient la société? »

— Quand la justice ne peut plus se baser sur une religion par une foi, l'anarchie menace la société de mort et la crainte de la mort force la société à anéantir l'i-

gnorance et à baser sur la science la religion qui, jusqu'alors, n'avait pu être basée que sur une foi.

(e) — « Que si l'on prétend au contraire qu'à Dieu seul il appartient d'attester la loi, de la garantir et d'en prouver
l'observance, qu'ainsi le sentiment que
chacun a de son droit ne devient respect
du droit des autres que par un effet de la
religion, il faut dire que la justice est en
nous une prétention sans fondement et
que l'homme est le vassal de la divinité.

Dès lors, c'est la dignité humaine qui
est en péril, et de nouveau la religion
s'en allant, adieu LA JUSTICE et LA SO-
CIÉTÉ. »

— Cela est très juste, et vassal signifie : sans liberté ou automate, dont le fil
moteur est tenu par la divinité. Mais l'homme est également esclave sous l'empire
de la matière, sous l'empire du droit sanctionné seulement par l'organisme.

Quant à la dignité humaine, ce n'est
pas en péril, mais bien anéantie qu'elle
se trouve aussi bien sous l'anthropomorphisme que sous le matérialisme.

Enfin, lorsque la religion par la foi s'en ira, la religion par la science s'établira, et ce sera ainsi que la justice existera, que la société vivra, par LA SCIENCE et non par l'*Eglise* ou par *la révolution.*

(f) — « Impossible d'échapper à ce dilemme. »

— Impossible, dites-vous? Je viens de vous prouver qu'il est possible d'y échapper, puisque je viens de l'anéantir en totalité.

Etes-vous convaincu?

PROUDHON. — Pas encore, car je ne suis pas entièrement satisfait de vos réponses, bien que vous ayez cru m'avoir enfermé dans un cercle de fer.

Aurez-vous des raisons plus concluantes à opposer à ce qui va suivre ?

« Une justice qui se réduit pour l'homme à l'obéissance, sort de la vérité, c'est une fiction. »

(Id. id., T. I, p. 171).

COLINS. — Comment ! Une justice qui est l'obéissance à la raison démontrée réelle et ayant une sanction éternellement supérieure à toute force, est une fiction

de justice ? Avez-vous bien réfléchi à l'excentricité d'une pareille proposition ?

La justice, Monsieur, n'est pas un être,
elle est l'expression de la conformité d'un
acte avec la conscience, avec la raison,
car tout acte réel est une obéissance à la
conscience, à la raison, c'est un résultat
de liberté triomphante ; au contraire, tout
acte illusoire, tout acte de folie, est une
obéissance aux passions ; c'est un résultat de liberté vaincue.

Toute justice et toute injustice sont
donc des obéissances, dès que la liberté
existe. Il n'y a que sous l'automatisme,
sous la prétendue justice relative à l'organisme, qu'il n'y a pas d'acte, soit réel,
soit illusoire ; qu'il n'y a ni obéissance ni
justice, soit réelle, soit illusoire ; qu'il n'y
a que fatalité, nihilisme.

PROUDHON. — Vous êtes toujours trop
pressé de répliquer. Je continue à déve-
lopper ma pensée.

« Sentir et affirmer notre dignité, d'a-
bord dans tout ce qui nous est propre,
puis dans la personne du prochain, et
cela sans retour d'égoïsme, comme sans

considération aucune de divinité ou de communauté, voilà LE DROIT.

« Etre prêt en toute circonstance à prendre avec énergie et au besoin contre soi-même, la défense de cette dignité, voilà LA JUSTICE.

« Il en résulte que l'essence étant identique et une pour tous les hommes, chacun de nous se sent tout à la fois comme personne et comme collectivité ; que l'injure commise est ressentie par l'offenseur comme par l'offensé et par la collectivité toute entière ; qu'en conséquence la protestation est commune, CE QUI EST PRÉCISÉMENT LA JUSTICE. .

(Id. id., T. I, p. 172 et 173.)

COLINS. — Et précisément aussi, voilà pourquoi votre fille est muette !

J'avoue que cette nouvelle définition de la justice, qui probablement ne sera pas la dernière, me paraît encore plus obscure que toutes celles qui l'ont précédée.

Quoi qu'il en soit, on ne peut que louer les sentiments que vous venez d'ex-

primer et je les apprécierais davantage encore, si je savais au juste à quel point
de vue il vous convient ici de vous
placer.

Vous parlez d'égoïsme ; mais l'égoïsme
est comme la raison le rapport à soi,
et dès lors il est l'essence de la liberté.

Revendiquez-vous cette dernière ? Ces-
sez alors de prêcher le droit, la justice,
comme pouvant exister au sein de l'automatisme. Si au contraire vous persistez à
tout faire dépendre du mouvement, de
l'organisme, rien assurément n'est plus
faux dans votre bouche que toute cette
sublime sentimentalité dont vous venez de
faire étalage.

Ne vaudrait-il pas mieux abréger cette
partie de notre discussion ? Il me semble
qu'elle ne peut servir à rien pour l'éluci-
dation du sujet que vous traitez. Au surplus, et pour vous permettre d'en élaguer
tout ce qui n'est pas directement utile à
votre démonstration, remettons, si vous
le voulez bien, notre conférence à un
autre jour.

ONZIÈME DIALOGUE.

—

PROUDHON. — Vous m'avez prié de retrancher de ma démonstration tout ce qui à mes yeux pourrait retarder une solution que vous paraissez désirer. Je vais déférer à votre sollicitation en ne touchant que légèrement et seulement en passant à la question relative au traitement des animaux.

J'ai cherché à me rendre compte de la conduite de l'homme vis-à-vis de ces êtres d'un ordre inférieur et j'ai trouvé que s'il leur fait la chasse, s'il les violente et les traite en despote, c'est parce qu'il ne reconnaît point de dignité en eux ; ou pour parler rigoureusement, parce qu'il ne sent pas sa dignité, si j'ose ainsi dire, dans leur personne.

Sans nier qu'il y ait entre l'homme et la bête une certaine sympathie, fondée sur le sentiment confus de la vie universelle à laquelle tous les êtres vivants participent, je repousse toutefois d'une manière absolue les spéculations de certains rêveurs, qui ont cherché à déduire de cette sympathie une je ne sais quelle parenté entre l'homme et le règne animal. Tout cela, n'en déplaise aux partisans de la loi Grammont et à l'hospitalité orientale pour les chevaux et les ânes, tout cela, dis-je, est pur verbiage panthéistique, que je considère comme l'un des signes les plus déplorables de notre décadence morale et intellectuelle.

En résumé et pour préciser davantage ma pensée sur la justice, cette haute prérogative de l'homme, je vous dirai : QUE LA JUSTICE A POUR GARANTIE ET SANCTION LA JUSTICE. Comprenez-vous ?

COLINS. — Nullement. C'est de l'hébreu pour moi.

PROUDHON. — C'est cependant une conception qui efface tout ce que la raison des peuples avait produit jusqu'alors de plus profond. Jamais pareille glorification n'avait été faite de notre nature ; jamais aussi les doctrines de transcendance ne furent plus près de leur fin.

COLINS. — Mais de qui ou de quoi parlez-vous donc ?

PROUDHON. — De l'application de la définition qui précède ; l'homme garantit l'homme, chacun sert réciproquement à l'autre de Dieu tutélaire et de Providence. N'est-ce pas admirable de conception ?

COLINS. — C'est tout bonnement absurde, au *nec plus ultra* de l'absurdité.

PROUDHON. — Vous n'êtes pas digne de me comprendre.

COLINS. — Comment voulez-vous que cela soit possible, après avoir passé des centaines de définitions du même genre, toutes couronnées par celle-ci :

« La justice est absolue, immuable, non susceptible de plus ou de moins. Elle est le mètre de tous les actes humains. »

(Id. id., T. I, p. 105).

Et tout cela exclusivement envisagé au point de vue relatif à cette vie? C'est dire qu'il n'y a pas de crime qui ne soit inévitablement et suffisamment puni, dans cette même vie; c'est je le répète : le *nec plus ultra* de l'absurde au sein de l'absurdité.

PROUDHON. — Vous résolvez, ici encore, la question par la question. Je vous ai dit que la justice se servait de sanction à elle-même pendant cette présente vie et qu'il n'y avait nul besoin de la sanction ultra-vitale.

Je vais vous le prouver encore une fois, bien qu'à mon sens, vous qui soutenez la nécessité d'une sanction ultra-vitale, vous ne m'ayez convaincu ni de cette nécessité ni de l'existence de cette sanction.

COLINS. — Que dire à un homme aveuglé par les préjugés! Et combien y en a-t-il en époque d'ignorance qui puissent percevoir la vérité, même la plus élémentaire !

Fournissez donc votre nouvelle preuve

de l'inutilité de la sanction ultra-vitale. Je
vous écoute.

PROUDHON. — Cette preuve la voici :

« D'abord de quoi Dieu se mêle-t-il ?
Je n'ai jamais entendu dire qu'il m'ordon-
nât, à peine de lèse-majesté envers sa
personne, de manger, de respirer, de
dormir, de faire aucune des fonctions qui
intéressent ma vie animale. Que je jouïsse
ou que je pâtisse, il ne s'en fâche pas ;
il me laisse à ma' propre direction, sous
ma responsabilité exclusive. Pourquoi n'en
use-t-il pas de même à l'égard de ma
vie morale ? Est-ce que les lois de ma
conscience sont moins certaines que celles
de mon organisme, ou plus impunément
inviolables ? Quand je fais mal, le péché ne
me punit-il pas à l'instant par la honte
et le remords, comme la vertu si je fais
bien, me récompense par l'opinion de ma
valeur ?

COLINS. — Ainsi le doux empereur qui
a illuminé ses jardins avec dix mille chré-
tiens transformés en torches, a été suffisamment puni en cette vie de cet horrible
crime par sa honte et ses remords ou

plutôt par un automatisme organique, identique à celui de la respiration!.....

Quelle magnifique chose que la justice de l'homme sanctionnée par l'homme lui-même!.... .

Mais, vous ne pouvez dire autre chose, tant que vous n'acceptez pas la démonstration scientifique de la sanction ultra-vitale, et que cependant vous vous serez soustrait à la doctrine de l'anthropomorphisme.

PROUDHON. — D'après ce que je vois, il est inutile de vous faire part des objections que j'ai supposé m'avoir été faites par les théologiens sur les diverses formes de justice qui font l'objet de mon ouvrage, ce serait simplement vous fournir l'occasion d'avoir à combattre deux adversaires au lieu d'un, sur des questions que vous avez déjà suffisamment traitées, et vous jugerez sans doute qu'il vaut mieux poursuivre notre tâche et éviter cette interruption de la théologie.

COLINS. — J'aurais certainement beaucoup à dire; sinon pour vous mettre d'accord avec les théologiens; du moins, tout divisés d'opinions que vous êtes, pour vous ranger sur la même ligne qu'eux. Mais à quoi bon entreprendre de nouveau une tâche que j'ai déjà accomplie dans mon ouvrage de *la justice dans la science, hors l'Eglise et hors la révolution*. Il vous sera facile de le consulter, si vous êtes curieux de connaître mes arguments, qui ne sont du reste que la reproduction de ce que je vous ai objecté depuis le commencement de nos conférences.

PROUDHON. — Abordons donc un autre ordre d'idées, et parlons du péché au point de vue de la justice.

COLINS. — Volontiers. Je vous écoute.

PROUDHON. — « Le péché existe, et dès lors la justice parait inefficace. Et si la justice parait inefficace, c'est qu'elle ne trouve pas dans la conscience le principe qui l'assure.

« Si cette force d'équilibre, enfin, n'existe pas dans la conscience, il faut que celle-ci la reçoive d'ailleurs, rien ne pouvant être équilibré par rien, ce qui nous ramène à la religion.

13

En deux mots, si comme la prévalence du péché induit à le croire, la Justice est inefficace, la Justice est une chimère ; elle n'est pas de l'humanité, et il ne nous reste qu'à ployer les genoux. Telle est l'objection. »

(Id. id. T. II, p. 423 et 424).

COLINS. — Votre objection peut être facilement anéantie, et je vais le faire de manière à ne vous laisser aucun doute à cet égard.

Convenez d'abord que si le péché n'existait pas, il n'y aurait pas de liberté, mais seulement automatisme. Dès lors, le péché rend l'existence de la justice nécessaire, car au sein de l'automatisme, à quoi bon la justice ?

La justice naît donc de la liberté, de la faculté de pécher, ou plutôt toutes les deux sont éternelles.

Si vous admettez l'automatisme organique, dans ce cas la justice, la sanction des actions, sera produite ou sécrétée par le cerveau, organe de la conscience, de la même manière qu'un estomac digère les aliments ; et encore, si cette similitude existait, y aurait-il des consciences qui commettraient tous les crimes sans remords, de même que certains estomacs digèrent un bœuf sans avoir d'indigestion.

De plus, il est ridicule, absurde même, de rapporter la sanction à cette seule vie exclusivement.

Il y a des hommes qui ont commis tous les crimes sans être punis dans cette vie; de même qu'il y a des hommes qui ont fait toutes les bonnes actions possibles et qui cependant n'ont vécu que dans la misère et les tourments.

Affirmer le contraire, contre tout sentiment, tout raisonnement, toute théorie et toute expérience, c'est insulter au bon sens.

Si la justice était inefficace, ce ne serait donc point parce qu'elle ne trouverait pas dans la conscience, le principe qui l'assure; ce serait parce qu'il n'y aurait pas de sanction ultra-vitale, et alors la justice n'aurait aucune espèce d'existence, la force seule existerait, et non la raison, la justice.

Vous même reconnaissez que la sanction, la justice, ne peut résulter que de la religion en disant : que hors d'elle, l'homme se démoralise, et que la société est en péril. (Tome II, page 423.)

Et cependant, vous ne voulez pas de religion, et pour un dialecticien de votre force, on ne peut s'expliquer cette lubie, cette absurdité, que par votre affirmation qu'il n'y a de religion possible que celle basée sur un anthropomorphisme quelconque.

Or, comme vous avez reconnu que toute religion basée sur un anthropomorphisme était précisément la négation de la liberté, de la justice, de la religion, on conçoit que simultanément vous vouliez et ne vouliez pas de religion.

Arrivons au fond de votre objection. Je vous ai dit que le péché était l'expression de la liberté. Pas de péché, pas de liberté ; pas de liberté, pas de péché. La liberté est donc l'expression de l'antagonisme existant entre les tendances de passion et celles de raison. Si toutes deux étaient identiques, la liberté disparaîtrait, et il ne resterait qu'un automatisme humain, lequel constituerait un enfer ou un paradis, selon que l'organisme produirait un état de souffrance ou un état de jouissance.

Maintenant, et pour un monde comme le nôtre, où il y a antagonisme entre les tendances de raison et celles de passion, il n'y a prévalence de péché que pendant l'époque d'ignorance; cela est même iné-vitable alors, car pendant toute cette épo-que, il n'y a pas de passion qui ne puisse se transformer en raison, et la prévalence des passions n'est autre que la prévalence de péché.

Mais, la prévalence du péché pendant l'époque d'ignorance, constitue aussi une époque d'expiation, parce que la préva-lence des passions, ou l'esclavage de la raison, conduit à un despotisme ou à une anarchie, dont le résultat, si la justice existe, ne peut être qu'une expiation.

L'existence du péché et même sa pré-valence pendant une époque, n'induit donc point à croire : que la justice est ineffi-cace; qu'elle est une chimère. En-dehors de l'ignorance, il est même facile de re-connaître : que si le péché existe plus

qu'illusoirement, la liberté existe en réalité; que si la liberté existe, la raison
existe ; que si la raison existe en réalité,
elle est éternelle, et par conséquent, il
en est de même de la justice qui n'est
autre que l'expression de la raison.

Le péché, et même sa prévalence, loin
donc d'induire à croire, que la justice est
une chimère, démontre au contraire que
la justice existe en réalité, et qu'elle a son
efficacité dans l'expiation.

Quant à dire, que si la prévalence du
péché existe, la justice est inefficace, et
que si elle est inefficace, elle n'est pas
de l'humanité, il y a là une logomachie
qu'il faut faire disparaître.

Il y a humanité illusoire, c'est-à-dire
individuellement temporelle, exclusivement
organique ; c'est l'automatisme de la prétendue science actuelle ; et certes la justice n'est pas de cette humanité là, parce
que la justice est éternelle ou n'est pas.

Il y a en outre, humanité réelle, c'est-
à-dire individuellement éternelle, composée d'un organisme et d'une immatérialité. C'est la vraie humanité, c'est la li-

berté démontrée par la science réelle, et certes, la justice est au sein de cette humanité, puisqu'elle en est la déduction incontestablement rationnelle. Il n'y a donc plus à ployer les genoux devant l'anthropomorphe, divinité illusoire, personnification de l'éternelle raison, de l'éternelle justice, mais bien devant la divinité réelle, impersonnelle, c'est-à-dire, devant l'éternelle justice immanente au sein de l'éternelle humanité.

Cette adoration est celle résultant de la science, et n'est autre que l'affirmation de la réalité de la justice.

PROUDHON. — Si vous croyez avancer beaucoup les questions en vous livrant à de pareilles digressions, vous êtes dans l'erreur, du moins en ce qui me concerne.

Vous tournez sans cesse dans le même cercle d'idées, et il semble tout aussi impossible de vous en faire sortir, que de prendre la lune avec les dents. Je poursuis :

« Nous touchons aux profondeurs de la psychologie. »

(Id. id. T. II, p. 425).

COLINS. — Hein ! Vous parlez de psychologie, c'est-à-dire, de liberté au sein
de la matière ! Vous vous rangez donc à
l'avis de ceux qui osent affirmer que la
psychologie n'est qu'une branche de la
physiologie ? Il est vrai que par ce moyen
de savants professeurs sont parvenus à
donner de l'intelligence aux huîtres !

PROUDHON. — Impossible de vous contenir dès qu'une expression choque vos
idées sur l'esprit et la matière. Il vous
faut alors protester toujours et quand
même ; et vous parvenez ainsi à triompher, ne fut-ce qu'en lassant la patience
de vos contradicteurs. Je continue :

« Le fait du péché ou de l'esclavage
de l'âme élevant le doute sur l'efficacité
de la justice, la justice est menacée dans
sa réalité et son immanence, et tout le
système de la révolution se trouve com-
promis.

« Après avoir montré dans les précé-
dentes études, combien l'idée de justice,
telle qu'elle ressort de l'hypothèse révolutionnaire, est supérieure à l'idée qu'en
donne la révélation, nous avons donc à

prouver. encore, contre l'instance des théologiens :

1° « Que la justice est réellement, comme nous l'avons définie, la faculté prépondérante de l'âme. »...

(Id. id., T. II, p. 425).

COLINS. — Et moi; j'ai prouvé déjà, qu'au sein de l'hypothèse révolutionnaire, négation d'une individualité immatérielle au sein de chaque personnalité, il n'y avait ni âme, ni justice, ni liberté, ni faculté.

PROUDHON. — 2° « Qu'en raison de cette faculté, l'homme discerne nettement le bien du mal, et que ce discernement est la plus certaine de ses connaissances. »

(Id. id., T. II, p. 425.)

COLINS. — Et moi j'ai prouvé qu'au sein de l'hypothèse révolutionnaire, négation vis-à-vis de la raison, de toute possibilité de liberté, non-seulement il n'y avait pas de faculté, mais encore il n'y avait ni bien ni mal; et que, sous cette hypothèse, l'homme était absolument incapable de discernement réel, et de connaissance réelle.

PROUDHON. — 3° « Que l'homme est libre... »

(Id. id., T. II, p. 425.)

COLINS. — Et moi j'ai prouvé que sous l'hypothèse révolutionnaire, négation de toute individualité immatérielle, au sein de chaque personnalité, l'homme était abso-lument incapable de liberté. Vous le re-connaissez vous-même, du reste, lorsque vous dites ailleurs : « *l'homme n'est qu'un automate.* »

PROUDHON. — 4° « Que sa conscience est douée de toute l'efficacité nécessaire, et qu'en fait, cette efficacité est attestée par le progrès constant de la justice. »

(Id. id., T. II, p. 425).

COLINS. — Et moi j'ai déjà prouvé que sous l'hypothèse révolutionnaire, négation de toute individualité immatérielle au sein de chaque personnalité, l'homme était sans liberté réelle, sans raison réelle, et par conséquent sans conscience réelle ; que sa prétendue justice était purement illu-soire, et dès lors sans aucune efficacité, et que le progrès constant de la justice n'était que le progrès d'une chose qui n'existe pas.

Vous l'affirmez vous-même en disant, que « *l'homme n'est qu'un automate*. »

PROUDHON. — 5° et 6° « Nous expliquerons ensuite la production du péché, et nous dirons ce que deviennent dans la société définitivement constituée, la religion et la grâce. »

(Id. id., T. II, p. 425.)

COLINS. — J'ai déjà prouvé que le péché est l'expression de la liberté, que la religion n'avait encore jamais eu qu'une existence hypothétique ; que dans la société définitivement constituée, la religion était démontrée réelle, et que la grâce n'était autre que la science dérivant de la liberté.

PROUDHON. — 7° « Enfin, la justice étant une fonction de la vie humaine, doit avoir comme toutes les fonctions son organisme ; nous rechercherons quel il est. »

(Id. id., T. II, p. 425).

COLINS. — Sauf recherches ultérieures, vous l'avez trouvé cet organisme : c'est le mariage.

Moi, j'ai déjà prouvé que toute fonction appartenait en général aux lois éternelles de la matière et en particulier aux lois éternelles de l'organisme, par conséquent à l'automatisme; que l'hypothèse révolutionnaire donnant la justice comme une fonction de l'organisme était par cela même la négation de la justice.

J'ai en outre prouvé que la justice n'appartenait pas aux personnalités, temporelles par essence, mais à l'humanité, impersonnelle et éternelle par essence ; et que la justice ne pouvait avoir d'organe, puisque les organes sont exclusifs à ce qui est temporel.

PROUDHON. — J'ai l'air de n'avoir consenti à discuter mon système avec vous, que pour vous donner l'occasion d'expliquer le vôtre et vous fournir de temps en temps la réplique. Plus je vous entends, moins je suis surpris de la profonde répugnance partagée par tous ceux que vous avez invités de votre vivant à engager une polémique avec vous. Il y a certainement des épines à redouter quand on veut s'instruire ; mais avec vous il faut redouter

des atteintes pareilles à celles du porc-
épic, et peu de personnes se résignent en
endurer ce supplice.

Mais, puisque j'ai commencé, je continuerai plutôt que de ne pas achever.
Ecoutez donc ma réputation du pyrrhonisme théologique, et ma démonstration
de la réalité du sens moral.

COLINS. — En vous servant sans doute
et toujours pour cela du même point de
départ? Autant dire d'avance que la ré-
futation sera aussi illusoire que la démonstration, car en présence de l'incompressibilité de l'examen, la justice ne peut pas
plus exister et être socialement appliquée
au sein d'une Eglise quelconque, qu'au
sein de la révolution, négation de toute
Eglise.

PROUDHON. — A votre aise, Monsieur.
Et puisqu'un titre seul suffit pour échauf-
fer votre bile, à l'avenir je continuerai
mon thème sans autrement me préoccuper de vos interruptions.

« Humainement (je m'adresse aux théologiens), vous ne croyez pas à la justice.
C'est uniquement par votre foi en la di-

vinité que vous vous rendez compte d'une loi qui, sans cela, n'existerait pas pour vous, suivant ce que disent vos auteurs favoris : *Aucune raison purement humaine ne peut établir la distinction du bien et du mal, et s'il n'avait plu à Dieu de nous faire connaître son intention, le fils pourrait tuer son père, sans être coupable.* »

(Id. id., T. II, p. 426).

Colins. — Cela est parfaitement raisonnable ; dès que la sanction ultra-vitale est mise en doute ou niée, la distinction du bien et du mal ne peut plus être établie. Le bien alors est d'être le plus fort, et le mal est d'être le plus faible.

Proudhon. — « Otez Dieu, vous n'avez plus ni foi ni loi ; vous êtes parricide, voleur, faussaire, traître à la patrie, incestueux, pédéraste. »

(Id. id., T. II, p. 426.)

Colins. — C'est encore parfaitement juste, alors ; mais toujours pourvu que vous soyez le plus fort, et que vous trouviez cela avantageux.

En effet, Dieu pour toute l'époque d'ignorance n'est autre que la personnifica-

tion de l'éternelle justice, de la sanction
ultra-vitale ; et tant qu'il est impossible de
démontrer par la science la réalité de
cette justice, il faut imposer sa personnification par la foi, sous peine de voir éri-
ger en vertu, par les forts, ce qui est
nommé crime par les faibles. Ce serait la
dissolution sociale, la mort de l'humanité.

PROUDHON. — « Et la philosophie spiritualiste est d'accord avec vous. Elle
aussi nie l'efficacité de la conscience, le
discernement du bien et du mal; et sans
la connaissance qu'elle prétend avoir de
Dieu par le sens intime, elle dirait, comme
vous théologiens, que l'athée honnête
homme est une franche dupe, tandis que
le fils qui empoisonne son vieux père pour
économiser la pension qu'il lui paye est
un praticien qui raisonne juste. »
(Id. id., T. II, p. 426 et 427).

COLINS. — La philosophie spiritualiste
a parfaitement raison. Tant qu'il est impossible de démontrer par la science la
réalité de la sanction ultra-vitale, de l'é-
ternelle justice, il faut la faire accepter
par une foi quelconque.

Seulement la foi en Dieu, par le sens intime, est comme valeur sociale, aussi absurde que la foi en la justice par le sens moral ; mais, à cet égard, la théologie est infiniment supérieure à la philosophie. Car, il est évident que hors la sanction ultra-vitale, et vis-à-vis de la raison, le fils, qui dans le cas cité, empoisonne son vieux père, est un praticien qui raisonne juste ; et cette pratique conduit la société à la mort.

PROUDHON. — « Eh quoi ! Vous ne reculez pas devant cette effroyable doctrine, qui a versé sur le monde plus de crimes que le sacerdoce n'en a jamais absous, qui vous a fait méconnaître, violer, sous prétexte de discipline, tous les préceptes de la justice, à laquelle vous sacrifiez sans remords, les droits de l'homme, du citoyen, de l'ouvrier, de l'enfant, de la femme ! »

(Id. id., T. II, p. 427).

COLINS. — Trève d'indignation. En présence de l'ignorance sociale sur la réalité de la sanction ultra-vitale et s'il n'existe aucune révélation faisant accepter cette

sanction par une foi basée sur une inquisition, il n'y a socialement de droit que
la force ; car, tout autre droit basé sur
le sens intime, ou sur le sens moral,
n'est socialement, pratiquement, qu'une
véritable calembredaine.

C'est donc pour assurer les droits de
l'homme, du citoyen, de l'ouvrier, de
l'enfant et de la femme, que la doctrine
de la justice en Dieu se trouve établie.
En effet, ces droits ne peuvent dériver
que de l'humanité, et pour cette époque,
l'anéantissement de la doctrine de la justice, en Dieu, serait l'anéantissement de
l'humanité ; car elle ne laisserait subsister que la matière ou l'automatisme.

Mais vous aimez les grands mots : *les
droits de l'homme, du citoyen, de l'ouvrier, de l'enfant, de la femme,* etc. ! Ba-
sez donc ces droits sur le sens intime,
ou sur le sens moral, ou sur tous les sens
possibles, excepté le sens commun qui
est la raison, et bientôt la société se trou-
vèra précipitée dans le gouffre de l'anarchie. Il n'y a de vie sociale, que par la

14

foi, ou que par la science ; que par la révélation, ou que par la démonstration.

PROUDHON. — Je vous laisse continuer
vos digressions sans vous interrompre.
Quand la digue est rompue, ce serait folie
que de s'opposer à l'invasion du torrent.
Je vous remercie néanmoins de ne pas
m'avoir encore empêché de parler ; aussi
je continue :

« La situation faite à la justice par la
pensée religieuse étant la même que celle
faite à la certitude par Pyrrhon, c'est par
l'argument qui a défait Pyrrhon que je
commence ma réponse aux objections de
la théologie.

« J'expose le doute de Descartes que
vous connaissez aussi bien que moi, et
c'est bien évidemment le même doute qui
frappe aujourd'hui la morale.

« A l'exemple des acataleptiques, les
transcendantalistes soutiennent qu'il n'est
pas pour l'homme, en dehors de la foi en
Dieu, de morale ; que toutes ses actions,
au point de vue de la conscience naturelle, sont indifférentes ; que la distinction
du bien et du mal est arbitraire ; que

d'ailleurs la morale existât-elle, l'homme est incapable par sa volonté, comme par sa raison, d'y atteindre ; qu'il ne saurait s'en faire une notion exacte et assurée ; qu'en conséquence, tout est chez lui, ténèbres, inertie, corruption, mensonge ; que les voies de l'humanité sont erronées, conduisent à l'erreur et au crime, ou pour mieux dire à la folie ; qu'il n'y a que la grâce du Christ qui puisse lui tracer une loi, la sauver du péché et lui donner le courage et la vertu.

« Ce qui revient à dire : que ce même doute que soulevaient les Pyrrhoniens dans l'ordre de l'intelligence, la religion le porte dans l'ordre de la conscience. »

(Id. id., T. II, p. 427 à 429.)

COLINS. — Tout ce que vous venez de dire repose sur une erreur qu'il était cependant facile de rectifier. Partout où vous avez parlé de *l'homme*, de *l'humanité*, substituez *l'ignorance*. Et à la grâce *du Christ*, substituez, *une foi dans la réalité de la sanction ultra-vitale*, et ce que les transcendantalistes affirment sera aussi

évident, après ces corrections, que deux
et deux font quatre.

Il en sera de même de votre dernière
phrase, si vous ajoutez après le mot religion ceux-ci : *par une foi quelconque.*
D'ailleurs l'ordre de l'intelligence et l'ordre
de conscience sont un seul et même ordre
quant à la morale.

Il reste maintenant à savoir si le doute
de Pyrrhon a été anéanti comme vous le
prétendez par Descartes, ou si comme le
prétend Pascal, il est encore à réfuter.

C'est ce que j'examinerai après vous
avoir entendu sur ce point.

PROUDHON. — « Que pouvons-nous savoir certainement? demandait Pyrrhon.
— Rien; ce doute est absolu, invincible.

« Que pouvons-nous, par nous-mêmes,
savoir et faire de bien? demande l'Eglise.
Et elle répond comme Pyrrhon : Rien; le
discernement du bien et du mal est impossible, l'immoralité est complète.

« Et comme Pyrrhon concluait à la sus-
pension absolue du jugement, de même
l'Eglise conclut à l'impuissance radicale
de la volonté.

« Mais il y a entre Pyrrhon et l'Eglise cette différence, que Pyrrhon, n'ayant pas trouvé d'illuminateur surnaturel pour lever son doute, n'avait osé se faire chef ou pontife d'aucun dogme ; tandis que l'Eglise posséde un Christ qui lui a donné le secret des mœurs et avec ce secret l'art de changer l'homme de péché en ange de lumière.

« Pyrrhon enseignait donc que l'homme, pour être raisonnable, devait commencer par se démettre de la raison, ne jurer par personne et se tenir dans une méfiance universelle.

« L'Eglise, au contraire, se vante de moraliser l'homme, immoral par nature, en le plongeant dans la cuve baptismale et entretenant ensuite la blancheur de son âme au moyen de la collation des sacrements et de la transfusion des grâces dont elle a le ministère. »

(Id. id., T. II, p. 429.)

COLINS. — Je vous répondrai à notre prochaine conférence, si vous voulez bien me le permettre.

DOUZIÈME DIALOGUE.

—

COLINS. — Je vous ai demandé ce dé-
lai, pour ne pas céder au sentiment de
répulsion que me faisaient éprouver les
railleries qui ont terminé votre dernière
discussion. Elles sont indignes d'un logi-
cien tel que vous, et en tout cas, elles ne
résolvaient pas du tout la question.

Vous donnez raison à Pyrrhon, que la
vanité seule à inspiré, pour donner tort
à l'Eglise, qui, cependant a sauvé l'humanité par la foi, pour toute l'époque ou
une foi est restée socialement possible.

Si Pyrrhon avait dit : « Dans notre état
d'ignorance nous ne pouvons rien savoir.
Tant que notre ignorance sur la réalité
de la raison n'est pas anéantie, le doute

est invincible; » il eut parlé avec plus de modestie et on n'aurait rien eu à lui opposer.

De même, si l'Eglise eût ajouté à sa réponse : « tant que l'ignorance sur la réalité de la raison n'est pas anéantie; » elle eut été aussi logique que possible.

Mais l'Eglise, conservatrice de la foi, pouvait-elle avouer son ignorance sans anéantir la foi? Non. Elle ne devait pas avouer son ignorance; tandis que Pyrrhon n'a trouvé d'autre mobile que sa vanité pour masquer son ignorance.

Aussi l'Eglise en basant la foi religieuse sur la sanction ultra-vitale, sauvait la société par la foi, et Pyrrhon la conduisait à la mort par le doute. Beau conseil, en effet, qu'il donne de se démettre de la raison pour être raisonnable ! C'est le comble de la sottise.

Maintenant, doit-on raisonner sa foi dès qu'on a reconnu la nécessité des révélations pour empêcher l'humanité de marcher à la mort? Evidemment non, et Saint-Augustin disant : *Credo quia absurdum*, faisait le plus bel éloge possible d'une révélation quelconque; car si une révélation était raisonnable, elle serait inutile comme révélation. La raison alors se suffirait à elle-même.

PROUDHON. — Voilà une thèse à laquelle je ne devais pas m'attendre, et vous me permettrez de vous dire que si j'ai la prétention de résoudre toutes les questions par la méthode sérielle, vous n'êtes pas moins habile à faire manœuvrer vos grands arguments d'époque d'ignorance et d'époque de connaissance, de mort sociale ou humanitaire, de compressibilité et d'incompressibilité de l'examen, etc., etc., pour expliquer tout à votre manière.

Voici ce que j'ajoute néanmoins :

« Je veux bien, dit Descartes, avouer que tout est douteux et sujet à caution, mais vous m'accorderez au moins que je ne puis pas douter que je doute, puisque c'est en raison de ce doute, dont vous me faites une règle, que vous m'ordonnez de suspendre mon jugement.

« Telle est donc ma première proposition dont la certitude est invincible : JE DOUTE.

« Si je doute, je pense, deuxième proposition également certaine.

« Si je pense, je suis ; troisième proposition.

« Et voilà le Pyrrhonisme, au moins en ce qui concerne l'humanité et ses lois par terre.

« C'est ainsi que Descartes se tira des filets de Pyrrhon, au grand applaudissement des notabilités théologiques de son siècle, Arnaud, Nicole, Bossuet, Fénélon, Malebranche. »

(Id. id., T. II, p. 429 et 430),

COLINS. — Ils étaient tous aussi vaniteux et ignorants que Pyrrhon lui-même, et dans un instant vous partagerez mon avis.

Quand un ignorant vaniteux a fait une affirmation, il s'imagine qu'il a donné une preuve incontestable. — DOUTER, c'est RAISONNER. Et avant de savoir si la raison existe réellement ou illusoirement, on ne peut savoir si le doute est illusoire ou réel. Si vous êtes un automrté suivant votre assertion, votre doute prétendu n'est qu'une illusion ; c'est un effet d'organisme comme une migraine ou une colique.

La seconde proposition par les mêmes motifs que ci-dessus, n'est pas, malgré votre affimation plus certaine que la première.

Et la troisième a le même sort, faute de pouvoir dire si vous ÊTES, *illusoirement* ou *réellement*.

Et comme expression d'ignorance de vanité, vos applaudissements peuvent se joindre à ceux d'Arnaud, de Nicole, de Bossuet, de Fénélon et de Malebranche.

PROUDHON. — Peste ! comme vous y allez ! Je reprends néanmoins :

« On a disputé sur la beauté, la justesse, l'élégance de ce grand coup de Descartes ; ce qui est sûr est que Pyrrhon en est à moitié mort et qu'il n'a pu se relever. »

(Id. id., T. II, p. 430.)

COLINS. — Pascal, grand partisan d'ailleurs de Descartes, n'était pas de cet avis. Il disait, que tout ce qui avait été opposé aux pyrrhoniens n'était que des arguments sans force réelle, de la faiblesse desquels

on n'était soi-même que trop tôt convaincu.
Aussi, conseillait-il d'aller à la messe.
Vous croirez, disait-il, *et cela vous abêtira.*

PROUDHON. — J'essayerai à mon tour de traiter l'acataleptisme de l'Eglise, comme Descartes a traité celui de Pyrrhon.

« Je veux bien, vous dirai-je, admettre pour un moment, que je suis incapable par moi-même de discerner le vrai bien et de le vouloir. Je suppose, en conséquence, que ma conscience comme ma raison est obscure; que ma justice pourrait bien n'être qu'une inspiration de l'envie; que ce qui me semble vertu est vice déguisé; en tout cas, que rien d'humain ne m'oblige. De sorte que, comme je ne puis avoir ni la claire vue, ni le pur amour de l'honnête, je ne saurais me vanter de les réaliser gratuitement en ma personne.

« L'homme s'agite, a dit avec une souveraine éloquence l'un des vôtres, et Dieu le mène.

« Et c'est seulement parce que Dieu le mène, que le bien, un peu de bien, se retrouve au fond de l'ébullition humaine; car, pour peu que Dieu le délaissât, l'homme, si par impossible il ne produisait pas le mal, ne produirait que des actions indifférentes, ou qui, bonnes en elles-mêmes, mais dépouillées d'intelligence et de bonnes intentions, seraient nulles.

« Telle est bien la thèse de l'Eglise, identique et adéquate à celle de Pyrrhon et son principal corollaire.

« Je me place donc au fond de cet abîme, creusé par la mysanthropie des croyants. Je m'établis dans cette hypothèse désolante, que je ne puis pratiquer, aimer ni connaître le bien par moi-même et pour lui-même ; de sorte que mes sentiments, mes pensées, mes paroles, mes actions, étant constamment mêlés d'égoïsme, ainsi que l'a montré La Rochefoucauld, je ne suis et ne puis être, sous le rapport de la moralité, qu'un être équivoque, sinon décidément méchant. »

(Id. id., T. II, p. 430 et 431.)

COLINS. — Parfaitement exposé. Mais pourquoi ne pas ajouter, pour expliquer cette situation :

« Pour aussi longtemps que l'ignorance

sur la réalité de la raison, sur la réalité d'une immatérialité au sein de chaque personnalité, n'est pas anéantie. Car, de cette réalité se déduit celle de la sanction ultra-vitale, qui en est le complément absolument nécessaire, relativement à la justice. »

Comme Pyrrhon, comme Descartes, vous avez complétement négligé de faire cette distinction.

PROUDHON. — C'est toujours votre système, et il est évident que si je le partageais, nous nous mettrions facilement d'accord sur tous les points.

Jusque là, je dois me contenter de ma manière de voir, surtout aussi longtemps que je n'admettrai pas vos motifs de la modifier.

Je continue :

« C'est de ce gouffre qu'il faut que je me tire, sans recourir à d'autres moyens que ceux fournis par l'hypothèse même ; faute de quoi, au moindre appel que je ferai à une puissance étrangère, ma condamnation devient irrévocable : car toute théorie du devoir et du droit, qui implique dans ses termes, comme principe, condition, postulé ou adminicule, la notion, même la plus épurée, d'un être métaphysique, ange ou démon, est une théorie religieuse, ce qui veut dire une théorie de scepticisme, une théorie d'immoralité.

(Id. id., T. II, p. 431 et 432.)

COLINS. — Je ne me lasserai pas de vous répéter. les mêmes objections, tant que vous n'aurez pas pris la peine d'y répondre, ou que vous n'aurez pas réussi à les détruire.

Vous avez beau chercher une échappatoire, je vous tiens renfermé dans un cercle que vous ne pouvez franchir. Si, au sein de chaque personnalité, il y a une immatérialité, une puissance, ce que vous n'avez pas voulu rechercher, encore moins reconnaître, ce que vous persistez même à nier par ignorance vaniteuse ; si de cette puissance, seule réelle, il s'en déduit une sanction ultra-vitale, direz-vous que cette sanction soit étrangère à l'humanité ? Direz-vous que l'être métaphysique, l'être immatériel dont l'existence est incontestablement démontrée vis-à-vis de la raison, soit un être étranger à l'humanité, et qui plus est, un être réprouvé par la raison, comme l'ange ou le démon ?

S'il est facile de dire qu'une théorie religieuse est une théorie de scepticisme et d'immoralité, il l'est moins de le prouver. Essayez donc d'étendre cette qualification à une théorie dérivant de la raison démontrée réelle, alors que de cette démonstration découle la preuve de l'existence d'une sanction ultra-vitale inhérente à l'humanité, sanction elle-même complément nécessaire de la justice ? Autant vaudrait dire qu'une théorie au sein de laquelle la raison ne peut exister qu'illusoirement ; qu'une théorie qui rend la justice impossible, si ce n'est devant l'absurde, est une théorie de moralité !

Proudhon. — Vous rendez toujours le même son, cela devient fastidieux. Laissez-moi achever.

« Or, voici, ce me semble, une réflexion qui doit arrêter court le sceptique. Elle ne me vient pas d'ailleurs que de l'hypothèse, comme vous allez voir ; elle m'est fournie par l'hypothèse.

« Supposant avec l'Eglise, que je ne puis par moi-même pratiquer le bien et éviter le mal, et que ma volonté a une inclination décidée pour le péché.

« Supposant de plus ma conscience tellement véreuse, qu'elle ne sache seulement pas discerner le bien du mal.

« Je dis que vous ne saurez me refuser ceci, qu'il y a en moi, un préjugé ou sentiment quelconque du bien ou du mal, c'est-à-dire de ce qui fait l'objet même de l'hypothèse. »

Colins. — C'est toujours résoudre la question par la question, parler pour ne rien dire.

Il est incontestable qu'un préjugé est lui-même un jugement, un raisonnement. Or, si la raison, la liberté, n'existe qu'illusoirement, le préjugé n'existe qu'au même titre, et n'est plus qu'un sentiment, c'est-à-dire que, ne dérivant pas du raisonnement réel, de la liberté réelle, il ne peut appartenir alors qu'à l'automatisme.

En tout cas, un préjugé, même existant
en réalité, est relatif aux circonstances
d'éducation, d'instruction, etc., etc., et
alors, ce que l'un trouvera être bien,
l'autre le trouvera être mal.

Remarquez, enfin, que l'hypothèse elle-
même est un raisonnement, et que c'est la
réalité du raisonnement qui est en question. Cela est si vrai, que vous-même niez
l'hypothèse en disant : « *Nous sommes des
automates* ; » et un automate en disant :
Jacquot raisonne aussi illusoirement qu'une
pendule en sonnant les heures.

PROUDHON. — A merveille, mais j'in-
siste pour continuer :

« Que je ne connaisse pas ma loi, c'est
possible ;

« Que la connaissant, rien ne me fasse
clairement sentir qu'elle est pour moi obligatoire, c'est encore possible ;

« Qu'en conséquence la moralité de mes
actions me semble livrée à ma seule fan-
taisie, tout cela est possible.

« Ce qui est impossible, c'est qu'il n'y
ait pas en mon âme un écho qui, à la
supposition du bien moral que je cherche,

15

réponde bien ; à la supposition du mal,
réponde mal.

« C'est, en un mot, que ma conscience
au moment où elle doute de sa lucidité,
de sa moralité, de sa propre énergie,
doute même de son doute, doute de ce
qui fait l'objet de son doute, en un mot
d'elle-même. »

(Id. id., T. II, p. 432.)

Colins. — Ce que vous admettez comme
possible, est non-seulement possible, mais
nécessaire, aussi longtemps que l'on ne
sait pas si la raison existe en réalité ; si
au sein de chaque personnalité, il y a une
immatérialité de laquelle puisse se déduire, rationnellement, une sanction ultra-
vitale, complément *sine quâ non* de la
justice réelle, de la morale réelle.

Ce que vous admettez comme impossible est au contraire tellement possible à
vos propres yeux, que vous en êtes arrivé
à affirmer plus que cette possibilité, comme je vous le démontrerai en con-
cluant.

Votre âme n'est, selon vous-même, que
votre cerveau. Or, vis-à-vis de la raison,

présupposée réelle, il n'y a pas plus de possibilité de raisonnement réel, de liberté réelle, pour un cerveau, que pour un estomac ou pour une vessie.

Cela est tellement vrai, que vous vous reconnaissez être un automate.

Maintenant, je vous répéte ce que je vous ai dit plus haut, si vous raisonnez illusoirement l'écho de votre âme répondra suivant les circonstances d'éducation, d'instruction. L'un appellera mal, ce que l'autre appellera bien.

Quant à votre consciencé, elle sera réelle, si vous démontrez que votre raison existe réellement, dans le cas contraire, vous ne pouvez parler de conscience réelle, car elle ne peut être qu'illusoire.

Supposons-la réelle, si vous le voulez. Eh bien! tant que cette réalité restera pour vous à l'état d'hypothèse, elle demeurera aussi pour vous dans le doute, c'est-à-dire qu'elle n'aura pas plus de valeur que si elle n'existait pas. Dès lors comment pouvez-vous admettre la possibilité d'une certitude quelconque, surtout après avoir dit : « *tous tant que nous vi-*

vons, nous sommes des automates, » etc.
etc., ce qui équivaut à dire que la liberté,
la raison, la conscience, non-seulement ne
sont pas en doute, mais qu'elles n'existent pas même.

PROUDHON. — Comme je ne vous comprends pas clairement, je poursuis ma démonstration.

« Sous une forme restreinte, c'est toujours le *cogito, ergo sum* de Descartes.

« Lorsque Descartes dit : *Cogito,* je
pense, il fait parler le moi, l'être considéré dans l'universalité de ses fonctions
qui est la pensée.

« Décomposez cette pensée, ce moi,
l'argument pour être détaché ne perdra
rien de sa force.

« L'œil se sentant voir dira : Je vois,
donc je suis.

« L'oreille : J'entends, donc je suis.

« L'estomac : Je digère, donc je suis.

« Le cœur : J'aime, donc je suis.

« Mettez telle faculté ou tel organe que
vous voudrez, il dira : Je fonctionne, donc
je suis.

« Si la pierre qui tombe pouvait parler

sans cesser d'être pierre, elle dirait à Pyrrhon, à Berkley : Je gravite, donc je suis.

(Id. id., T. II, p. 432 et 433.)

COLINS. — Je ne me lasserai pas de vous ramener à une méthode sérieuse de raisonnement; et je vais vous répéter sous une autre forme, ce que vous m'avez dit ne pas avoir clairement compris de ma dernière explication.

Le *cogito ergo sum* est bien la plus grande sottise qui ait été prononcée par un philosophe, et Cicéron, qui s'y connaissait, a dit : qu'il n'y a pas de sottise qu'un philosophe n'ait prononcée.

Pour ne pas raisonner aussi sottement il fallait dire :

« Je pense, donc je suis, *illusoirement* « *ou réellement;* et comme cette alterna- « tive est un doute, je n'en sais pas plus « après avoir pensé, qu'auparavant. »

Le *cogito ergo sum*, et la *justice gratuite* font la paire. On peut les placer avec la trinité de foi servant de base à votre société révolutionnaire.

Quand à votre commentaire, il est aussi raisonnable que le texte de Descartes.

Un *moi* décomposé, un *moi* qui pense est un vrai moi matériel, c'est-à-dire panthéiste, tout aussi bien que l'ÊTRE considéré dans l'*universalité de ses fonctions*, qui est la pensée ; puisqu'alors celle-ci est produite par l'organisme seul. Aussi attribuez-vous au cœur la fonction d'aimer, pourquoi pas à la rate ?

Puis, pour surcroit, vous identifiez une faculté à un organe et vous croyez raisonner ! Ne comprendrez-vous donc jamais qu'un organe n'a que des propriétés, tandis qu'une faculté réelle ne peut appartenir qu'à une volonté réelle, c'est-à-dire qu'à une volonté dérivant d'une immatérialité ?

Mais, en votre qualité de panthéiste, vous ne devez pas y regarder de si près.

Ce n'était pas assez de faire parler les organes, sans même les consulter sur la question de savoir s'il croyaient raisonner illusoirement ou réellement, ils sont sans doute assez philosophes pour ne pas tenir absolument à la justesse des expressions, ils auraient trop à faire; il vous manquait de supposer que la pierre était capable de penser en obéissant aux lois de la gravitation et de faire dire au perroquet : Je parle, donc je suis !

PROUDHON. — Railler n'est pas répondre. Entendez-moi jusqu'au bout, et peut-être ne persisterez-vous pas dans vos attaques.

« Remarquez la marche du raisonnement. Ce n'est pas de la notion métaphysique de substance ou de cause, mais bien du phénomène de la fonction, que Descartes a tiré cet argument qui tue le doute, argument qui, du reste, rentre dans la démonstration du cynique, devant qui on niait le mouvement et qui se mit à marcher. »

(Id. id., T. II, p. 433).

COLINS. — Mais, Monsieur ! Vous avez trouvé mes répétitions fastidieuses; je trouve encore plus fastidieux pour moi d'être obligé de vous répéter constamment la même chose.

Rien ne vous arrête, rien ne vous fait modifier votre manière de raisonner.

Vous voulez que je remarque la manière avec laquelle vous procédez, et vous ne voulez pas vous expliquer d'abord sur la question de savoir si le raisonnement existe réellement ou seulement illusoirement! Vous aimez mieux la trancher sans la résoudre ; comme, par exemple, lorsque vous décidez de votre autorité privée que l'argument de Descartes tue le doute sur la réalité du raisonnement, bien que je vous aie démontré le contraire.

De même il vous plaît d'attribuer quelque valeur à la démonstration du cynique. tandis que vous ne pouvez pas dire si l'homme peut raisonner, peut démontrer quoi que ce soit, non pas illusoirement, mais bien en réalité.

Un automate peut-il démontrer en réalité ?

Et vous-même ne dites-vous pas que nous ne sommes que des automates? ce qui du reste est parfaitement logigue dans votre système de personnalité purement organique.

PROUDHON. — Vous ne pouvez pas m'accuser de manquer de patience! Elle est au moins égale, pour ne pas dire plus, à votre habitude d'entremêler des injures à tous vos arguments. Cela ne les améliore pas, loin de là, et malgré soi, on est toujours tenté avec vous de résister, même à une conviction. Laissez-moi achever cette conférence par quelques réflexions.

« Il est en moi une faculté, partie intégrante et constituante de moi, faculté mal servie peut-être par mon intelligence, plus mal servie encore par ma volonté, mais dont vous, théologien psychologue, vous êtes forcé de reconnaître l'existence, puisque vous élevez le doute sur sa lucidité et son énergie, et que vous lui offrez le collyre de votre religion : c'est la conscience.

« J'entends par conscience dans l'ordre d'idées que je traite, la faculté ou le contenant dont la justice est le produit ou le contenu ; faculté qui est à la justice, par conséquent, ce que la mémoire est au souvenir, l'entendement au concept, le cœur à l'amour, etc. etc.

« Ceci nous explique en passant pour-

quoi la conscience et la justice se prennent fréquemment l'une pour l'autre :
la même chose arrive pour les autres facultés.

(Id. id., T. II, p. 433.)

Colins. — Quel galimatias !

Un moi qui, suivant vous, est un groupe!
singulier moi !

Une faculté dans un organisme qui ne
peut avoir que des propriétés ! Drôle de
faculté !

Mais ce n'est pas tout.

Une faculté partie d'un moi composé
de parties et partie lui-même !

Une faculté qui n'est qu'une propriété
bien ou mal servie par une intelligence et
par une volonté, parties d'un moi qui
n'est rien du tout !

N'y a-t-il pas de quoi être émerveillé de
ce luxe de belles choses?

Quant à la conscience, elle n'est autre
que la réalité de la raison et non pas la
faculté barroque que vous avez définie.
Mais les théologiens psychologues au nom
de l'anthropomorphisme, et les philosophes
psychologues, au nom du matérialisme,
sont aussi incapables les uns que les au-

tres de reconnaître par la science la réalité de la raison, la réalité de la conscience ; aussi les uns et les autres, sont-ils obligés de la baser sur un mysticisme quelconque..

Or, tant que l'ordre est possible en dehors de la science réelle, la foi en Dieu, vaut certainement mieux que la foi aux académies des prétendues sciences dont vous êtes l'interprète ; et quand l'ordre, en dehors de la science réelle n'est plus possible, ces deux espèces de foi conduisent également la société à tous les diables de l'anarchie.

— Que veut dire conscience, dans tout ordre d'idées possibles et non pas seulement dans celui que vous traitez ?

— Science selon soi, science selon sa propre raison.

Impossible de donner une autre valeur à ce mot ; mais cela ne veut pas dire que la conscience, la raison, soit plutôt une réalité qu'une illusion. Avant donc de l'affirmer, il faut pouvoir le prouver scientifiquement.

Nous sommes loin de compte, comme

vous le voyez, avec la conscience telle que vous l'entendez. Elle est, dites-vous, à la justice, ce que la mémoire est au souvenir, l'entendement au concept, le cœur à l'amour, etc., etc.

Et sans doute aussi l'estomac à l'appétit ! Dans ce cas que résultera-t-il de la diversité des goûts ?

Les uns aiment les brunes, les autres les blondes, le plus grand nombre les brunes et les blondes ; de même que les uns aiment les carottes, d'autres préfèrent les oignons et les navets. Comment mettre d'accord ces divers goûts pour arriver à établir l'ordre dans la société, surtout alors que de votre propre aveu la conscience et la justice se prennent fréquemment l'une pour l'autre, et que la même chose arrive pour les autres facultés ?

Il n'est donc pas étonnant de vous voir prendre le souvenir pour la mémoire, le concept pour l'entendement, l'amour pour le cœur, et la brune pour la blonde. Tout cela est le résultat nécessaire du nihilisme.

Au sein du réalisme, c'est différent ; la conscience n'est que la justice, moins la sanction. Et la conscience comme la justice changent, selon que la sanction existe ou n'existe pas.

Au sein du nihilisme, rien ne se rapporte à la liberté, tout est fatal. Vous aimez la brune, c'est fatal ; vous aimez la blonde, c'est fatal.

Au sein du réalisme, vous vous battriez à outrance pour être d'accord.

Au sein du nihilisme, vous êtes d'accord fatalement.

Quelle belle chose que le matérialisme ! et surtout qu'elle est commode en théorie !

PROUDHON. — Vous aurez beau dire, rien ne me persuadera de la fausseté de mon concept de la justice, et je terminerai aujourd'hui par la proposition suivante :

« L'offense à la justice, couvre l'offense à tout autre sentiment. » Je m'explique :

« Si mon père voulait me faire violence, je tuerais mon père, malgré mon instinct filial, et je ne pécherais pas contre la justice.

« Si mon fils trahissait la patrie, j'immolerais mon fils comme Brutus, et je ne pécherais pas contre la justice.

« Si ma mère, parjure, assassinait mon père, pour introduire dans la famille un amant, je poignarderais ma mère comme Oreste, et je ne pécherais pas contre la justice. »

(Id. id., T. II, p. 436.)

COLINS. — C'est fort beau. et d'autant plus beau, qu'avec votre justice qui poignarde comme un estomac digère, vous ne pourrez jamais vous tromper. Une société où chacun poignarderait pour son propre compte même son père, et malgré *l'instinct filial*, serait une parfaite société de matérialistes ; elle ne saurait offenser une justice n'ayant d'autre base que la fatalité. Au revoir,

TREIZIÈME DIALOGUE.

PROUDHON. — Vous vous êtes étonné à la fin de notre dernière entrevue de la rigueur avec laquelle je prétendais traiter toute offense à la justice ; et vous n'avez pas manqué d'attribuer au matérialisme les conséquences de ma manière d'envisager la question. Aujourd'hui je vais pousser plus loin mes investigations.

« Mais, dira-t-on, par où distinguer le bien du mal ? Quelle sera notre règle de droit, pierre de touche du juste et de l'injuste ? Comment la consulter, à chaque instant de la vie ? Est-ce la conscience encore, simple faculté d'appétence, que

nous allons faire législatrice et justicière?
(Id. id., T. II, p. 444.)

COLINS. — Pourquoi pas? puisque, suivant vous, la justice est le produit de la conscience.

PROUDHON. — « Un savant professeur l'a dit : Il y a science et conscience, et il s'en faut qu'elles s'accordent toujours. Comment les formules de la première deviendront-elles des décrets pour la seconde? Est-ce la conscience qui jugera la science? Vous revenez au probabilisme en admettant une autorité supérieure à la raison.

« Est-ce la science qui jugera la conscience?

« Vous revenez à l'utilitarisme et votre faculté juridique est hors de service. Oh! vous nous avez déliés de la foi à Dieu et à l'Eglise, vous ne voulez plus ni tribunaux ni confessionnaux. Avez-vous trouvé le secret de faire rendre à la conscience privée des jugements justes, quand, depuis le commencement du monde, la conscience universelle s'égare?....
(Id. id., T. II, p. 444.)

Colins. — Combien il est regrettable de voir un homme capable de poser la difficulté de l'époque d'ignorance comme vous venez de le faire, se montrer cependant partisan de la justice dans la révolution !

En présence de l'incompressibilité de l'examen, ne voyez-vous pas que la justice, socialement, n'est plus possible : que démontrée réelle par la science, rendue rationnellement incontestable · vis-à-vis de tous et de chacun, et appliquée socialement, avec la même incontestabilité ?

Avant d'examiner les difficultés que vous venez d'exposer, permettez-moi de résumer, sur la valeur des expressions *science* et *conscience,* les principes que je vous ai déjà exposés à plusieurs reprises.

Science.

Il y a : Science hypothétique et science réelle.

En fait de bien et de mal, une science hypothétique dérive d'une révélation formulant la règle ; science socialement acceptée comme réelle, au moyen de l'éducation dont le législateur a pu s'emparer.

16

Il y a donc autant de sciences hypothétiques, autant de formules du bien et du mal, qu'il y a de législateurs religieux possibles.

Elle se nomme foi avec l'épithète de la révélation, foi chrétienne, foi musulmane, foi indoue, etc. etc.

Une science hypothétique ne peut-être commune à plusieurs individus, que par une inquisition.

En fait de bien et de mal, la science réelle dérive :

1º De la démonstration, rendue incontestable, de la réalité de la raison;

2º De la démonstration, quant au bien et au mal, de la réalité de la règle donnée par la raison;

3º De la démonstration, de la réalité de l'éternelle sanction, relative à cette règle.

CONSCIENCE.

Il y a : Conscience relative à chaque individu ;

Conscience relative à plusieurs individus ;

Et, conscience universelle.

En dehors de toute foi religieuse et de

la science religieuse, il y a quant au bien
et au mal, autant de consciences qu'il y
a d'éducations différentes et de circonstances pouvant influer sur l'éducation ; et
ces consciences individuelles n'étant basées ni sur une science hypothétique, ni
sur la science réelle, varient en outre
comme les passions qui affectent les individus.

Autant il y a de sciences hypothétiques,
quant au bien et au mal, autant il peut y
avoir de différentes consciences relatives
à des collections d'individus. Mais, en réalité, il n'y a au sein de chaque science
hypothétique, de conscience collective,
que pour ceux chez lesquels il y a possibilité de comprimer l'examen.

Chez ceux qui examinent, lorsque la
science hypothétique est niée, et que la
science réelle ne peut pas même être
soupçonnée, il n'y a plus, quant au
bien et au mal, de conscience soit individuelle, soit collective, si ce n'est celle
qui se trouve dictée par les passions.

Comme une même science hypothétique, une même foi religieuse ne peut-

être commune à toutes les fractions humanitaires, surtout en époque d'incompressibilité de l'examen, puisque, même quand l'examen est socialement compressible, une même conscience collective ne peut comprendre tous les individus d'une circonscription déterminée, il en résulte que la conscience universelle est seulement possible en époque de science réelle et de vulgarisation de cette science vis-à-vis de tous et de chacun.

Passons maintenant aux difficultés que vous avez exposées.

Le bien, c'est-à-dire le droit, le juste, ne peut être que ce qui est conforme à la raison ; sinon le droit, le juste, serait la conformité avec toute les folies possibles, ce qui anéantirait le droit, lequel, sous peine d'anarchie, doit être le même pour tous.

Ce qui est conforme à la raison, ce qui est le droit, ne peut être que *ce qui conserve la vie à l'humanité.*

Eh bien ! Ce qui conserve la vie à chaque société, par conséquent à l'humanité dérive, pendant une certaine époque, de

tant de complications, et paraîtrait si injuste aux masses, si elles n'étaient soumises à une science hypothétique, tant
que la science réelle ne peut encore exister, que les sociétés périraient si des
sciences hypothétiques n'étaient imposées
à ces mêmes masses.

Comme conclusion : la règle de tout
droit, la pierre de touche du juste et de
l'injuste est une science hypothétique, une
foi religieuse, tant que dure l'époque d'i-
gnorance et que l'examen peut être comprimé.

Dès que l'examen ne peut plus être
comprimé chez les masses, il faut que
la science réelle, puisse être découverte
et qu'elle puisse dominer la société tout
entière, sous peine de mort humanitaire.

On peut consulter cette règle, pierre
de touche, à chaque instant de la vie,
lorsqu'elle résulte d'une foi religieuse inculquée par une éducation à laquelle toute
instruction contraire à la science hypothétique se trouve soumise. Mais du moment qu'une même foi religieuse ne peut
plus dominer l'éducation ; du moment que
la science hypothétique ne peut plus em-

pêcher que l'instruction réelle et purement négative n'anéantisse la science hypothétique, il faut que la science réelle
et positive apparaisse et domine, toujours
sous peine de mort humanitaire.

Les consciences individuelles toutes différentes par essence lorsqu'elles ne sont
soumises ni à une science hypothétique,
ni à la science réelle, ne peuvent être ni
législatrices, ni justicières ; il en est de
même des consciences collectives, puisqu'elles sont soumises aux révélations,
dont les prétendus auteurs sont seuls législateurs et justiciers.

Quant à la conscience universelle, je le
répète, elle peut seulement exister lorsque les sciences hypothétiques ont été
anéanties par l'intronisation universelle
de la science réelle.

Tant que celle-ci n'existe pas, tant que
les sociétés religieuses peuvent rester iso-
lées, chaque conscience individuelle est
identique à la conscience collective, expression de la science hypothétique dont
elle relève ; c'est seulement lorsque l'examen ne peut plus être comprimé socialement, lorsque les sociétés religieuses ne

peuvent plus se maintenir dans l'isolement, que les consciences individuelles se révoltent contre les sciences hypothétiques. Dès lors, il *faut* que la science réelle apparaisse et domine, sous peine de mort sociale; et quand par nécessité sociale, elle est devenue souveraine : conscience universelle et science universelle, sont perpétuellement identiques, c'est-à-dire qu'elles s'accordent toujours.

Les formules de la science deviennent des décrets pour chaque conscience, lorsque la science réelle est souveraine; et quand la conscience est éclairée par la science réelle, elle ne juge cette science que pour la trouver incontestable.

Quand la conscience examinatrice rejette une science hypothétique, même sans établir la science réelle, elle n'établit pas une autorité supérieure à la raison, mais elle reconnaît qu'une science négative incontestable, est supérieure, en raison, à une science prétendue positive, contestable par son absurdité.

L'utilitarisme, quand une science hypothétique peut régler les consciences, par

la compressibilité de l'examen, n'est autre
chose que l'obéissance à la nécessité sociale. Mais quand cette compression n'est
plus possible, le libre examen anéantit
toute science hypothétique et l'utilitarisme
s'évanouit comme la science qui lui servait de base.

Il en est de même de la faculté juridique expression d'automatisme, elle disparaît également sous les rayons de la liberté réelle; sous les rayons de la raison
réelle.

Quant à faire rendre à la conscience
privée des jugements justes, je me flatte
d'en avoir trouvé le secret en exposant
d'une manière rationnellement incontestable la réalité de la science.

Finalement et pour répondre à la dernière de vos questions, j'affirme que la
conscience universelle, inconnue jusqu'à
ce jour, ne peut exister que par l'intronisation de la science réelle.

PROUDHON. — Que de répétitions, grand
Dieu ! Et toujours sans plus de motifs.
J'ai beau, sinon changer de sujet, du
moins varier mes arguments; toujours je

vous retrouve sur le même terrain avec
les mêmes raisons et presque les mêmes
expressions. Heureusement pour moi que
nous arrivons à la fin de la tâche que
nous avons entreprise ; cela seul peut me
donner le courage d'achever. Je vais donc
vous soumettre encore quelques objections.

« Les philosophes sont d'accord, et
nous pouvons joindre à leur opinion celle
des théologiens, qu'entre le bien et le
mal, il n'existe pas de différence subs-
tantielle. Il n'y a pas, dit-on, avec raison,
deux principes dans le monde, l'un bon,
Ormudz, l'autre mauvais, Ahrimane; deux
séries de créatures, les unes bonnes en
elles-mêmes, et les autres méchantes ;
deux séries de faits dans l'humanité, ceux-
ci louables par essence et par cela même
toujours de précepte, ceux-là odieux et
pour cette raison toujours défendus.

« Dans le système de la nature, comme
dans celui des évolutions de l'humanité,
les créatures et les actions, au point de
vue de la justice, sont de leur nature indifférentes ; c'est la loi de l'homme, c'est
sa main qui les qualifie.

« Cela étant, on demande comment ce qui est de soi indifférent à la morale peut devenir par la main de l'agent ou la volonté du législateur, juste ou injuste, vertueux ou coupable ; comment l'indifférence qui appartient à l'acte ne s'étendrait pas à l'auteur.

« L'objection, comme on verra repose sur un sophisme des plus grossiers Mais tout grossier que soit ce sophisme, il n'en a pas moins fait son chemin ; il règne dans la théologie, la philosophie, la jurisprudence, partout ; les hommes les plus honnêtes, les penseurs les plus circonspects le répètent ; et ce sera un vrai service à la science de le réfuter dans les règles.

(Id. id., T. II, p. 444 et 445.)

COLINS. — Je suis tout aussi impatient que vous, je vous prie de le croire, d'arriver au terme d'une discussion qui, loin de nous rapprocher, semble au contraire creuser davantage encore l'abîme qui nous sépare. Prenez-vous en, toutefois, moins à moi qu'à la nature du sujet que nous traitons, de la fatigue que mes nombreuses répétitions. vous font éprouver ; et soyez bien convaincu que depuis long-temps déjà, si j'en avais eu le choix, j'au-rais changé de mode d'argumentation ; mais il n'y a pas deux voies à suivre pour arriver à la démonstration de la vérité.

Les philosophes et les théologiens ont tort d'affirmer qu'il n'y a pas deux prin-cipes dans le monde, l'un bon, Ormudz ; l'autre mauvais, Ahrimane. Ils péchent par ignorance et ne s'aperçoivent pas que si ces deux principes de natures dif-férentes n'existaient pas, la liberté n'exis-terait pas non plus.

Je n'ai pas besoin de vous répéter que ces deux principes sont : l'un la raison, bonne par essence, comme dominatrice ; l'autre les passions, mauvaise par essence comme dominatrices.

Pour les théologiens, il n'y a qu'un principe : Dieu. Pour les philosophes, il n'y a aussi qu'un principe : la matière.

C'est encore une erreur de dire : qu'il n'y a pas dans le monde deux séries de créatures, les unes bonnes en elles-mêmes, les autres méchantes.

Il n'y a pas en effet deux séries de créatures, puisque croire même à une seule est une absurdité ; mais il y a deux séries d'êtres, les uns bons, parce qu'ils peuvent être méchants ; et les autres qui ne peuvent être ni bons ni méchants, parce que leur nature ne comporte ni bonté ni méchanceté.

Les uns sont les êtres où il y a liberté ; les autres sont ceux où il n'y a que nécessité.

C'est encore une erreur de dire : qu'au sein de l'humanité, il n'y a pas deux séries de faits, ceux-ci louables par essence et pour cela toujours de précepte ; ceux-là odieux et pour cette raison toujours défendus. Il y a une série de faits conformes à l'éternelle justice, à l'éternelle raison, qui sont toujours de précepte ; comme aussi il y a une série de faits, émanant des passions, qui sont contraires à l'éternelle justice, à l'éternelle raison et comme tels toujours défendus.

C'est encore une erreur d'affirmer que dans le système de la nature (nature matérielle) comme dans celui des évolutions de l'humanité, (nature intellectuelle), les créatures et les actions au point de vue de la justice, sont de leur nature indifférentes. Les êtres illusoires ou réels, laissons de côté l'expression créatures, ne sont pas par nature tous indifférents au point de vue de la justice, pas plus que les actions. Au sein de la nature matérielle, il n'y a ni êtres, ni actions réels, il n'y a que fonctions. Au sein de la nature intellectuelle, il y a êtres et actions réels qui ne sont pas indifférents au point de vue de la justice.

Enfin, c'est encore une erreur d'affirmer que c'est la loi et la main de l'homme qui qualifient les êtres et les actions ; cela existe, il est vrai, pour l'époque d'ignorance, mais pour l'époque de connaissance les êtres et les actions sont qualifiés par la loi de la science, expression de l'éternelle raison.

Vous devez voir maintenant que l'objection repose , non sur un sophisme, mais sur l'ignorance primitive qui dure encore, et qui du reste ne peut employer que des sophismes.

PROUDHON. — Voilà en effet une série d'arguments qui ne dépare pas les précédents et qui leur ressemble cependant à s'y méprendre.

Je crois qu'il aurait mieux valu entendre mes développements sur l'objection que vous venez de combattre plutôt que d'y répondre avant de les avoir entendus. Je ne le regretterais pourtant pas, si cela doit vous éviter des redites.

« Donnons, dis-je, à l'objection toute l'étendue qu'elle mérite.

« En soi, c'est chose parfaitement innocente de manger ou de ne pas manger de l'anguille. Pourquoi Moïse a-t-il interdit ce comestible aux Juifs ? En quoi cette abstinence particulière intéresse-t-elle les bonnes mœurs ? L'adorateur de Jehova ne doute pas qu'il ne faille obéir à la loi ; mais sa raison, le respect de lui-même, exige qu'on lui montre que cette loi contient justice, et c'est précisément ce qu'on ne lui dit pas. Comment la manducation de l'anguille, poisson sans écailles, viole-t-elle la justice, alors que la manducation du brochet, poisson à écailles, ne la viole pas? On dira peut-être qu'il y a là-dessous, comme pour la viande de porc, une raison de santé. A la bonne heure! Mais ne confondons pas la justice avec l'hygiène. Depuis quand est-ce un péché de rompre l'abstinence prescrite par le médecin?»

(Id. id., T. II, p. 445 et 446).

COLINS. — Le suicide est un péché, et rompre l'abstinence prescrite par le médecin, c'est s'exposer volontairement à la mort.

Du reste, pourquoi confondre la prescription du médecin qui est individuelle, avec la prescription de la loi qui est générale?

PROUDHON. — « Je commence à dessein par cet exemple, dans lequel il ne nous est pas possible, à nous qui ne croyons pas à Moïse, et qui nous moquons de ses ordonnances, de découvrir le moindre caractère de sa moralité, voici pourquoi : Rien de plus indifférent à la justice que de s'abstenir de chair ou de poisson, n'est-il pas vrai?

« Eh bien ! demandent les sceptiques,

sommes-nous sûrs que nos lois les plus essentielles, celles qui touchent de plus près à l'ordre et à la moralité publique, soient mieux fondées dans leur objet que celle-là ? »

(Id. id., T. II, p. 446.)

Colins. — Le sceptique n'est sûr de rien ; mais ceux qui savent illusoirement ou réellement, par la foi ou par la science, n'ignorent pas que toute loi religieuse doit être obéie et qu'elle est fondée en justice.

Proudhon. — « Exemples : Les théologiens disputent entr'eux de ce qui constitue le sacrement ou pour employer le langage profane, le lien du mariage : si c'est le consentement des époux, ou la formule prononcée par le fonctionnaire public, ou bien la consommation de l'acte conjugal, ou bien encore la réunion de toutes ces circonstances ?

« Et, les théologiens ne sont pas d'accord ; pour mieux dire ils sont d'accord, que rien de tout cela ne fait le mariage, et ils ne savent encore aujourd'hui ce qui le fait.

« Si c'est le consentement des conjoints et leur cohabitation, pourquoi tous les couples concubinaires ne sont-ils pas *ipso facto*, déclarés par la loi unis en légitime mariage ?

« Si c'est la formule sacramentelle, quelle est cette vertu mystérieuse attachée à une phrase du code ou du bréviaire, et par laquelle, indépendamment de tout rapport subséquent, deux personnes de sexe différent sont unies, qui sans cela, et quoi qu'elles fissent, ne le seraient pas ?

« Si c'est la réunion de toutes ces circonstances qui constitue le mariage et donne à l'union de l'homme et de la femme sa moralité, on demande comment, dans un si grand nombre de cas, cette cérémonie solennelle est si peu efficace, si malheureuse ? D'où viennent tant de scandales, d'adultères, de divorces ? »

(Id. id., T. II, p. 446 et 447.)

COLINS. — Assez de ces exemples, qui, ce me semble n'avancent pas beaucoup la discussion.

Si des scandales sont la suite du ma-

riage contracté avec solennité, c'est incontestablement en vertu de la nécessité
si l'homme n'est pas libre, ou en vertu
de la liberté si l'homme est libre.

A vous de choisir celle de ces deux
causes à laquelle vous préférez les attribuer.

En somme, ce qui ressort avec le plus
d'évidence de tout ce que vous venez de
dire, c'est que le scepticisme est la base
de votre système, que vous doutez de
tout et ne croyez à rien, pas plus à la
bonté de votre plan de régénération sociale, qu'à l'efficacité de la triple foi qui
lui sert de base : *foi conjugale.... foi juridique..... foi politique.....,* toutes plus
absurdes les unes que les autres, comme
je crois vous l'avoir surabondamment
prouvé.

PROUDHON. — Vous refusez d'entendre
les exemples assez nombreux que je vou-
lais invoquer pour démontrer que nous
sommes incapables de distinguer le bien
du mal, et cependant :

« Il me serait aisé d'étendre cette argumentation à tous les faits de la vie col-

lective ou individuelle qui impliquent un rapport à la justice; et je demanderais à chaque article : où est la moralité du serment? Où l'immoralité du parjure? Où est la moralité de la propriété? Où l'immoralité du vol? Mais il me répugne de ressasser des critiques devenues familières à tous les hommes instruits. »

(Id. id., T. II, p. 449.)

Colins. — Vous voulez dire : à tous les sceptiques, à tous les ignorants, puisqu'il leur est impossible de répondre à aucune des difficultés qu'ils reconnaissent. Jamais homme de foi religieuse ou de science religieuse n'est embarrassé pour anéantir ces difficultés, soit vis-à-vis de sa propre foi, soit vis-à-vis de la science.

Proudhon. — Je n'avais que quelques mots de plus à vous dire, mais il paraît que vous tenez à m'avoir interrompu depuis le commencement jusqu'à la fin, J'achève néanmoins :

« Une conséquence de cette incertitude dans la distinction du bien et du mal est que chacun, plus frappé dans son sens intime de l'immoralité de certains actes que de la criminalité de certains autres, se fait une morale à soi, toute différente de celle du prochain, ce qui produit la plus étrange cacophonie. »

(Id. id., T. II, p. 443.)

COLINS. — Vous avez fini, et là devraient se borner nos entretiens, mais comme nous n'avons conclu à rien, je vous demande une nouvelle entrevue.

QUATORZIÈME ET DERNIER DIALOGUE.

—

Colins. — Jusqu'à présent, ainsi que je vous le disais dernièrement, chacun de nous a exposé ses convictions ou a combattu celles de l'autre, sans trop se préoccuper du résultat qu'amènerait cette discussion.

Ne serait-il pas temps de préciser les points sur lesquels nous différons? Ceux sur lesquels nous pouvons être d'accord n'en ressortiraient que mieux et peut-être arriverions-nous plus facilement, par ce moyen, à un rapprochement d'idées entre nous?

Proudhon. — Depuis longtemps je vous aurais fait une proposition semblable, si

je n'avais pensé qu'elle eut été infaillible-
ment repoussée par vous-même, tant que
vous n'auriez pas épuisé votre insatiable
besoin de démonstration si souvent comprimé pendant votre séjour sur notre ancien globe.

COLINS. — Cette raillerie, toute bien-
veillante qu'elle est, n'est cependant pas
généreuse, car vous avez certainement
contribué plus que tout autre, à faire re-
pousser par un dédaigneux silence, mes
tentatives réitérées de forcer la science à
me critiquer, s'il lui eut été possible de
le faire.

PROUDHON. — Que voulez-vous? Nous
étions entrainés par la nécessité de résoudre promptement, sinon d'une manière
absolument satisfaisante, une foule de questions auxquelles nous attachions un sens
brûlant. Aucun temps d'arrêt ne nous
était permis, et vous profitiez du trouble
causé dans nos esprits par ce tohu-bohu,
pour nous prendre à partie, nous harce-
ler, nous molester, nous injurier; avouez
que le moment était mal choisi et que le

moyen de fixer notre attention aurait pu être mieux combiné?

COLINS. — Vous m'avez prouvé, de la sorte, que chez vous il n'y avait au fond aucune conviction réelle et par suite rien de sérieux dans les doctrines que vous avez mises en avant, ce dont on ne pouvait douter, du reste, en présence de vos changements continuels de systèmes qui accusaient d'une part : une recherche incessante de la vérité ; de l'autre, l'espoir sans cesse renaissant quoique toujours déçu de la découvrir. Pour moi, je vous le déclare, rien n'aurait pu me faire garder le silence si on eut attaqué mes écrits au point de vue de la science, car je ne me suis pas même arrêté devant le systématique dédain avec lequel ils ont été généralement accueillis.

Les injures auraient été impuissantes à comprimer l'expression de ma pensée ; la contradiction m'aurait excité et alors, comme toujours, rien n'aurait pu m'empêcher d'élever la voix et de protester contre tout ce qui m'aurait paru être contraire à la vérité.

PROUDHON. — J'ai en effet admiré votre infatigable persistance, et au fond j'ai souvent regretté de voir vos efforts si peu couronnés de succès. Mais je n'ai pas eu le courage d'entrer en lice avec vous. Vos convictions, que je n'ai pas cru devoir partager, m'inspiraient malgré moi, je l'avoue, un respect profond pour leur parfaite sincérité. Mais ne perdons pas plus de temps à ces explications rétrospectives et arrivons d'emblée à ce qui différencie vos doctrines des miennes.

COLINS. — Volontiers. Un point capital nous sépare, je dirai presque le seul comme principe : c'est l'existence au sein de chaque personnalité d'une individualité immatérielle capable de modifier l'organisme et d'être modifiée par lui.

PROUDHON. — J'avoue avoir cherché toute ma vie une autre explication de la nature intime de l'homme et je n'ose me flatter d'y avoir réussi.

COLINS. — Quoi d'étonnant à cela, si en vous laissant trainer à la remorque de la science moderne ; en vous jetant tête baissée dans le bourbier du matérialisme,

vous avez aveuglement suivi le système le
moins propre à vous conduire au but que
vous vous proposiez d'atteindre?

PROUDHON. — Comment cela? Faites-le
moi comprendre clairement?

COLINS. — C'est bien simple. N'ayant
pas eu le temps d'étudier par vous-même
tous les phénomènes de la matière, vous
avez accepté comme incontestables les déductions qu'ont tirées les savants de cette
étude. Renchérissant sur les anciennes
doctrines, la science moderne a imaginé
de considérer tous les êtres, tant organi-
ques qu'inorganiques, comme formant une
série non interrompue, dont chaque an-
neau est lié au suivant par une gradation
insensible et qui va s'élevant depuis le
minéral jusqu'à l'homme inclusivement.

Les exemples n'ont pas manqué à l'appui de ce système, et si l'on pouvait se
borner à considérer les êtres au seul point
de vue de l'organisme, il n'y aurait rien à
lui objecter.

Mais les savants modernes ne s'en sont
pas tenus là, et comparant entr'eux non
pas seulement les organes, mais aussi les

résultats de leur fonctionnement, ils ont
cru faire merveille en attribuant à l'organisme seul, c'est-à-dire aux forces inhérentes à la matière, le principe d'action
de tous les êtres indistinctement, l'homme
compris ; de là cette déplorable confusion
qui fait de la psychologie une branche de
la physiologie.,

PROUDHON. — Doucement, ne procédons
pas avec trop de vitesse, car je tiens à
être aussi complétement initié que possible à cette question qui, à mes yeux
comme aux vôtres, est capitale.

Comment devaient donc procéder les
savants, selon vous?

COLINS. — D'une manière diamétralement opposée à celle qu'ils ont employée.
En effet, leurs études n'ont consisté qu'à
rechercher par quels phénomènes l'être
inférieur pouvait être assimilé à celui qui
le précédait immédiatement dans le développement de la série ; d'où il est arrivé
nécessairement que de gradations en gradations, l'être supérieur a été abaissé au
niveau de l'être le plus infime sous le
rapport de son organisation.

PROUDHON. — Je le conçois. Suivant vous il fallait au contraire s'attacher à signaler ce qui, dans la série des êtres, les distinguait les uns des autres comme supériorité. Mais, où cela aurait-il mené?

COLINS. — Vous allez le voir. Au lieu d'observer avec soin les phénomènes, de manière à n'admettre comme produits par l'organisme, par la matière, que ceux qui présenteraient un caractère de nécessité, ce qui les aurait obligés de recourir à un autre principe pour expliquer, chaque fois que le cas se serait présenté, des actes ayant un caractère différent du pur fonctionnement, les savants ont jugé préférable de s'éviter cette peine en assimilant entr'eux tous les phénomènes et en n'attribuant qu'aux seules forces inhérentes à la matière, aussi bien ceux offrant un caractère de véritable spontanéité que ceux qui en étaient dépourvus.

PROUDHON. — Citez-moi des exemples, cela me permettra de mieux saisir la nuance.

COLINS. — Volontiers. Prenons le singe, comme étant l'animal dont la conformation

organique se rapproche le plus de celle
de l'homme, et étudions un fait quelconque
émanant du premier pour le comparer à
un fait semblable émanant du second ; et
pour ne pas avoir l'air de choisir mon
exemple en dehors d'observations déjà
faites, je vais citer Buffon d'abord :

Suivant lui, « le troglodyte peut ap-
prendre tous les actes humains. Ils vivent
en troupe, se servent de pierres et de bâ-
tons pour se défendre contre les négres
et les éléphants. Ils aiment les négresses,
les enlèvent ; on cite même des métis qui
en sont provenus. Il ne doit pas être affirmé que cela soit impossible.»

Cette citation, faite par M. Isidore-Geof-
froy Saint-Hilaire est suivie du commentaire suivant :

« Chez l'orang, des actes spontanés ont
été observés, et ils agissent en vertu de
faits observés. Un orang a monté sur une
chaise, pris la clef et ouvert la porte. Il
a voulu arracher les ongles d'un chat.
Moi-même j'ai vu un orang avoir la conscience de la faiblesse du premier âge.
Cet orang avait la notion de la propriété.

Quand il prenait une canne, il ne la res-
tituait qu'à la personne à laquelle il l'avait
prise. Une porte conduisait à la cuisine,
où il jouait souvent, il prenait la clef, se
trompait souvent de bout, mais finissait
par ouvrir la porte. Il ouvrait les verroux.
Le gardien accourcissait la corde dont il
se servait pour raccourcir le pène, l'orang
défit les nœuds. Le portier fit les nœuds
en haut; alors l'orang monta sur les
nœuds et les défit. L'intelligence de l'orang
l'emporta sur celle du gardien. »

.(Séance du 20 mai 1837.)

Comprenez-vous maintenant le système
adopté par ces messieurs? Il ne s'agit pas
pour eux de rechercher si dans les faits
qu'ils citent, il en est un ou plusieurs qui
soient un pur résultat d'organisme, si l'attraction et la répulsion, l'instinct en un
mot, suffiraient seuls pour les expliquer.
Non, ils ont voulu se procurer la satisfaction, non-seulement d'élever le singe jusqu'à leur hauteur, mais encore de trouver que son intelligence dépassait la
leur !

Et cependant, à quoi se réduisent au

fond tous les éloges qu'ils lui prodiguent ?
A la possibilité pour les singes d'appren-
dre les actes humains, c'est-à-dire de les
imiter, suivant M. Buffon ; ou d'agir en
raison de faits observés, suivant M. Isi-
dore-Geoffroy Saint-Hilaire, qui les qualifie
cependant de faits spontanés.

Aucun d'eux ne s'est avisé de reconnaître à l'homme une faculté qui lui per-
mettrait d'agir, non pas seulement sur des
faits observés chez d'autres êtres, mais
encore en vertu de ses propres inspira-
tions ; par conséquent de rechercher et
de découvrir quel était la cause, le principe réel de ces actes.

PROUDHON. — Il est inutile de donner
d'autres exemples ; je comprends parfaitement votre observation, et je trouve en
effet que les inventeurs de la série continue des êtres ont procédé à l'inverse de
ce qu'ils auraient dû faire.

COLINS. — Alors vous devez comprendre aussi, pourquoi ces mêmes savants
reconnaissant leur impuissance à donner
aux actions humaines un principe différent des actes de la bête, n'ont plus con-

centré leurs efforts qu'à les assimiler les unes aux autres ; parce qu'ils pouvaient par ce moyen attribuer à l'organisme seul, c'est-à-dire aux forces attractives et répulsives, la cause de tous les phénomènes qu'ils observaient, ce qu'ils n'auraient pas pu faire s'ils avaient laissé à l'homme la supériorité intellectuelle qui le distingue si incontestablement de tous les autres êtres. Ils n'ont même pas attaché au verbe, seul signe caractéristique de la nature humaine une importance autre qu'aux cris divers des animaux ; et dans leur fureur d'abaissement de l'homme jusqu'à la brute, ils ont considéré le verbe comme étant simplement le résultat d'une disposition particulière du larynx, et trouvé des exemples où la même conformation se rencontrait avec tous ses avantages, chez certains animaux.

PROUDHON. — Tout cela est maintenant clair comme le jour pour moi, et je reconnais qu'avant toute question à résoudre, il faut briser la série continue des êtres et s'arrêter à l'homme qui ne doit pas en faire partie.

COLINS. — C'est déjà un grand pas de fait, et si nous continuons ainsi, j'ai la certitude de vous ranger non moins faci-lement à mes autres principes, ce qui fera disparaître toute divergence entre nous.

Puisque la série des êtres doit être bri-sée à partir de l'homme, parce que l'organisme seul ne suffit pas à expliquer toutes ses actions, il faut évidemment admettre qu'il renferme dans sa personnalité un autre principe qui, ne pouvant être matériel, est nécessairement immatériel. Or, ce principe qui existe chez l'homme, que doit-il être en lui-même ?

Tout le contraire de la matière, sauf en ce qui concerne l'éternité qui appartient à tous deux. Il doit être éternel, nous venons de le dire; de plus indépendant, c'est-à-dire absolu, sinon il obéirait comme la matière à des forces; il doit être simple, c'est-à-dire et toujours contrairement à ce qu'est la matière : indivisible; n'avoir enfin aucune qualité qui lui soit propre à l'état d'isolement, le contraire appartenant exclusivement à la matière.

En cet état quel serait le rôle d'une immatérialité ?

Il serait nul et elle ne servirait absolument à rien, si elle ne pouvait se trouver unie à un organisme capable à la fois de la modifier et d'être modifié par elle ; car ce n'est que de cette union que peuvent naître les actes, inexplicables sans cela, qui émanent de l'homme.

PROUDHON. — Permettez-moi de vous arrêter ici un instant. J'ai besoin d'être certain de vous avoir bien compris, avant de vous laisser pousser plus loin votre démonstration.

Ce qui distingue l'homme de la bête, c'est la spontanéité de ses actes. Alors que celle-ci est fatalement soumise aux lois de la matière, celui-là a la faculté d'agir en vertu d'un tout autre principe. Il ne peut donc être formé exclusivement d'un organisme, car alors l'homme, de même que la bête, serait l'esclave de la même fatalité. Si ce principe est une immatérialité, il faut qu'il soit éternel, absolu, en même temps qu'indivisible, c'est-à-dire simple par essence. En d'autres

18

termes, il faut que le principe immatériel soit indépendant, qu'il n'ait aucune des propriétés de la matière et que pour exercer une influence quelconque sur un être, il soit uni à un organisme qu'il puisse diriger et modifier et par l'intermédiaire duquel il reçoive ses impressions, ses modifications. Jusque-là, je ne m'écarte en rien, je le pense, des prémisses que vous avez posées, et je vous écoute avec la plus grande attention.

Colins. — Puisque vous m'avez si bien interprété, permettez-moi de vous dire, qu'il vous serait bien facile de tirer vous-même les conséquences qui découlent de cette première vérité.

En effet, si l'homme était tout matière, s'il obéissait aveuglément aux seules forces attractives et répulsives, dans ce cas, on le verrait se conduire en toute circonstance comme tous les autres êtres exclusivement physiques ; c'est-à-dire qu'au lieu d'agir en réalité, il ne ferait, à la façon des automates, que fonctionner.

Mais, comme il est loin d'en être ainsi ; comme on observe chez lui des actes

empreints d'un cachet de spontanéité
réelle, qui ne peuvent émaner que de la
présence d'une immatérialité au sein de
chaque personnalité ; force est donc d'attribuer à celle-ci une action dirigeante
sur l'organisme auquel elle est unie, et
de reconnaître chez l'homme l'existence
de deux tendances opposées : l'une d'organisme, l'autre de raison ; celle-ci, source
de tout bien, en tant que dominatrice des
passions ; celle-là source de tout mal, en
tant que dominatrice de la raison.

La liberté, je le répète, n'est que l'expression de l'antagonisme existant entre
ces mêmes tendances.

PROUDHON. — Cela est parfaitement
juste, et par conséquent pas de liberté
réelle si l'homme ne se compose que d'un
organisme. Il est incroyable pour moi de
ne pas avoir été frappé plutôt de la justesse et de la simplicité de cette démonstration.

Je m'explique maintenant pourquoi vous
m'avez fait si souvent cette distinction
entre la réalité et l'illusion ou l'apparence.

Par illusion, apparence, vous vouliez

dire matière; par réalité vous entendiez immatérialité, liberté. Et en effet, il était de la dernière importance de ne pas les confondre en raisonnant, puisque les savants ne craignent pas, chose absurde, d'accorder aux bêtes, chez lesquelles la liberté n'est qu'illusoire, apparente, la même intelligence qu'à l'homme, être libre par essence.

Voyons maintenant, si vous le voulez bien, quelles déductions vous tirez de ce que nous venons d'admettre.

COLINS. — Je vous répète que cela devient presque inutile et qu'au point où vous êtes déjà parvenu, toute nouvelle explication serait facilement suppléée par votre intelligence; car je n'ai pas même eu besoin pour me faire comprendre d'entrer dans des détails qui eussent été cependant nécessaires pour tout autre que vous. Mais, puisque vous le désirez, je vais continuer ma démonstration aussi rapidement que possible.

Appelons désormais, si vous le voulez bien, âme, sensibilité, sentiment de l'existence, cette immatérialité dont la présence a été reconnue par nous, comme nécessaire au sein de chaque personnalité, pour que la liberté puisse exister.

Voilà donc l'homme en possession de la liberté de ses actions. Il peut dès lors faire bien ou mal, suivant qu'il subit ou méconnaît la direction de son âme; suivant qu'il obéit plutôt à sa raison qu'à ses passions. Mais, cette liberté ne dégénérerait-elle pas en licence, et n'en amènerait-elle pas tous les abus, si elle n'avait aucun frein; et si ce frein existe, quel est-il ?

Ce frein : c'est la certitude absolue qu'en sa qualité d'être à base immatérielle, c'est-à-dire libre, l'homme a en lui-même le principe et la sanction de la morale; que par suite il lui est de toute impossibilité de se soustraire aux conséquences nécessaires, fatales de ses actes, sinon dans cette vie actuelle, du moins dans une vie future.

Ce frein : C'est la certitude absolue que quel que soit le monde qu'il habite, l'homme se trouve partout et toujours dans les conditions voulues pour recevoir, soit la

récompense de ses mérites, soit le châti-
ment de ses fautes.

Ce frein, en un mot : c'est la certitude
absolue que la religion réelle, la sanction
religieuse réelle ou le lien des actions
d'une vie à une autre vie existe; que par
conséquent l'ordre moral ou l'éternelle
harmonie entre la liberté des actions et
la fatalité des événements existe pareille-
ment.

Mais, dira-t-on, si pareille harmonie
existe réellement, n'est-il pas contradictoire que des actes coupables soient suivis, assez souvent de jouissances immé-
diates, tandis que non moins fréquemm-
ment on voit des actes méritoires ne rapporter à leurs auteurs que peines, tribulations et souffrances?

Cette contradiction, répliquerons-nous,
est purement apparente ; elle provient, en
premier lieu, de ce qu'on oublie trop facilement que la sanction de nos actes
n'est pas relative à la vie seule où ces
actes ont été pratiqués, mais qu'elle est
relative à plusieurs vies, pluralité de vies
facile à comprendre du reste, lorsqu'on

sait que notre individualité, c'est-à-dire notre âme, qui SEULE JOUIT ET SOUFFRE, ne meurt pas, qu'elle ne fait que changer d'organisme ; elle provient ensuite de ce qu'on n'est que trop porté à confondre la cause accidentelle avec la cause originelle de nos sensations, c'est-à-dire avec celle qui nous les a fait mériter.

Comme exemple frappant d'une pareille confusion, je vous citerai le fait suivant qui s'est produit à l'occasion de la crise cotonnière de 1862.

— Pourquoi, se demandait un jour Monseigneur l'évêque d'Orléans, se meurt-on dans la vallée de la Seine ?

— Parce qu'on se bat, répliquait-il, dans la vallée du Potomac.

Nul doute, dirons-nous, que la guerre civile qui a éclaté aux Etats-Unis n'ait été la cause déterminante de l'affreuse indigence qui s'est manifestée à cette époque dans la plupart des districts manufacturiers de la Normandie ; vouloir le contester, serait absurde. Mais, qui ne voit aussi, qu'en réalité elle n'a été que la cause accidentelle des souffrances endurées par

les malheureux qui, à cette triste occasion, sont morts de misère et de faim ;
car pour en être la cause originelle, il
aurait fallu que ces infortunées victimes
eussent pris elles-mêmes et de leur plein
gré, une part criminelle quelconque aux
événements qui ont signalé les phases diverses de cette déplorable guerre civile.

Comment expliquer dès-lors ces souffrances ?

Pour ceux qui savent que l'homme n'est
pas comme on l'a supposé de tout temps
et comme on le suppose encore, l'ins-
trument passif d'une omnipotente et ca-
pricieuse volonté ; encore moins l'ironique jouet d'une écrasante fatalité ; attendu
que dans l'une comme dans l'autre de ces
hypothèses, toutes deux négatives de l'ordre moral qui est l'ordre de liberté, l'homme ne serait qu'un automate, une machine ;

Pour ceux qui savent que l'homme, au
contraire, est un être essentiellement libre, responsable comme tel de ses actes,
et que sous peine de non existence d'ordre moral il ne peut y avoir ni jouissances
ni souffrances qui ne soient méritées ;

Pour ceux-là, dis-je, il est de la dernière évidence, que loin de procéder de causes étrangères au libre arbitre de l'homme, ces souffrances ont eu au contraire leur source exclusive dans des fautes personnelles, librement et sciemment commises, sinon dans cette vie actuelle du moins dans une vie passée, et qu'elles en ont été la juste expiation.

Commencez-vous maintenant à comprendre que si certains actes sont parfois suivis de sensations différentes de celles qui devraient en être la suite pour se trouver en harmonie avec leur degré de mérite ou de démérite, c'est tout simplement parce qu'au lieu d'être la cause originelle, la cause méritante de ces mêmes sensations, ces actes n'en sont que la cause accidentelle ?.

Commencez-vous aussi à comprendre que si la cause originelle des souffrances auxquelles il vient d'être fait allusion, appartient incontestablement à la liberté des actions, la cause accidentelle de ces mêmes souffrances appartient non moins incontestablement aussi à la fatalité des évé-

nements ; d'où cette consolante certitude :
que rien n'est arbitraire, rien n'est injuste ; qu'au contraire tout est équitable
et bien dans l'ordre moral ?

PROUDHON. — Pas tout à fait, car cette
démonstration de la réalité, de la sanction ultra-vitale, base de l'ordre moral,
que vous dites être incontestable, a quelque peine à être acceptée comme telle
par moi.

Je veux bien la croire ingénieuse, plau-
sible, probable même, mais il y a loin de
là à une preuve réellement scientifique.

COLINS. — Est-il besoin de vous faire
observer ici, Monsieur, que dès qu'on
peut fournir la preuve que les âmes sont
immatérielles, éternelles, absolues, on
fournit aussi la preuve que la sanction
religieuse réelle existe, puisque celle-ci
n'est qu'une simple déduction de celle-là.

Or, cette preuve je l'ai fournie et l'ai
rendue rationnellement incontestable par
la méthode scientifique (voir SCIENCE SO-
CIALE, T. V, p. 218 et suivantes).

PROUDHON. — J'avoue qu'il me parait
difficile de rien opposer de sensé à un

pareil argument; toutefois je demande à réfléchir avant de me prononcer d'une manière définitive sur une question aussi importante.

Ne pourrions-nous pas en attendant ne l'admettre que comme simple hypothèse et continuer à raisonner comme si elle était une réalité ?

COLINS. — Quelque désireux que je sois de vous être agréable, il me serait cependant impossible de me conformer à une pareille demande, car vous ne remarquez pas assez l'importance capitale de la sanction ultra-vitale au point de vue de l'ordre, vie sociale. Tant qu'elle n'existe que comme simple hypothèse aux yeux d'un certain nombre d'individus, elle perd toute sa force et c'en est fait de la moralité et de la justice. Ce n'est plus alors qu'une foi mystique, partagée par les uns, repoussée par les autres, et la porte reste ouverte au doute, au scepticisme, à l'anarchie.

PROUDHON. — Je ne me permettrai pas de contester la justesse de ce que vous venez de dire, encore moins de nier la

haute importance de la sanction ultra-vitale; c'est même le motif qui me fait désirer un plus profond examen de cette
matière. Mais, dès à présent, je n'hésite
pas à vous déclarer : que si ma conviction
devient égale à la votre, j'accepterai comme étant une conséquence rigoureuse de
cette même sanction, tout ce que vous en
avez déduit; et que je considérerai comme
résolues dans le sens indiqué par vous,
toutes les questions qui, au point de vue
de la justice et de la religion, nous ont
tenus divisés jusqu'à ce jour.

Colins. — Cette déclaration de votre
part me suffit et j'aurais d'autant plus
mauvaise grâce à ne pas m'en contenter,
que j'ai eu trop de preuves de votre haute
intelligence pour douter un seul instant
du résultat de votre examen.

FIN DES DIALOGUES.

CONCLUSION.

Il ne nous a pas été donné de connaître la suite des entretiens entre Proudhon et Colins, et nous sommes réduits à des conjectures.

Cependant il nous est permis de présumer que Colins a dû recevoir toute satisfaction de sa controverse avec Proudhon, à en juger par les actes émanés de celui-ci à la fin de sa carrière et presque au moment de sa mort; cela devient probable à nos yeux en lisant un ouvrage publié récemment par les soins de celui de ses exécuteurs testamentaires qui fut le confident de ses dernières pensées.

Cet ouvrage intitulé : DE LA CAPACITÉ

POLITIQUE DES CLASSES OUVRIÈRES, renferme pour ainsi dire, le résultat des suprêmes réflexions de Proudhon, de celles auxquelles il a attaché le plus d'importance, puisqu'il a expressément recommandé de s'attacher aux principes qu'il y a exposés et développés.

Or, quels sont ces principes dont il recommande l'adoption, sous forme de conseils aux ouvriers, aux prolétaires, c'est-à-dire au peuple, en le distinguant ainsi de la noblesse ancienne et moderne, du clergé et de la bourgeoisie? Ils se résument tous en cette invocation, aussi remarquable par son énergie, que par sa profondeur :

« Oui Majesté, dit-il à la plèbe, tu as le nombre et la force, et de cela seul que tu as le nombre et la force, il résulte déjà que tu as un droit qu'il est juste que tu exerces. Mais tu dois avoir une IDÉE, de laquelle tu tiens un autre droit, supérieur au premier, CAR, SANS ELLE, TU NE SERAS JAMAIS RIEN. »…….

(De la capacité politique des classes ouvrières, p. 32 et 33.)

Rapprochons ce passage des suivants, que renferme le même ouvrage, et il ne nous sera pas difficile de deviner ce que Proudhon a entendu par cette IDÉE dont la possession doit donner au peuple un droit autre que celui de la force et qui lui est supérieur.

« Nous avons soif de vérité et de droit. »

(Id. id., p. 12.)

« La vérité et le droit sont les seules bases de l'ordre. »

(Id. id., p. 200.)

« Jusqu'à présent il n'est venu à la pensée de personne que le droit qui est la justice, fut le plus grand et le plus puissant des Dieux, supérieur même au destin. »

(Id. id., p. 95,)

N'est-ce pas là se ranger entièrement aux doctrines de l'irréfutable Colins?

Ne trouve-t-on pas dans ces éjaculations le germe de toutes les vérités que ce dernier a démontrées?

Quel peut-être ce droit autre que celui de la force et qui lui est supérieur, auquel Proudhon fait ici allusion?

C'est évidemment le droit réel, seul droit rationnel, tel que nous l'avons défini d'après Colins dans nos dialogues.

Quelle est, quelle peut-être la sanction de ce droit?

Non moins évidemment la religion réelle, la sanction religieuse réelle, dont nous avons également démontré l'existence et la nécessité.

Que faut-il pour que le droit soit réel, pour que la religion soit réelle, pour que la sanction religieuse soit réelle et non illusoire?

Que les âmes soient réelles, immatérielles, éternelles, absolues. Cela ressort de tout ce que nous avons dit.

Peut-on faire à ces questions d'autres réponses que celles qu'on vient de lire?

Non, toujours non.

Nous sommes donc fondés à dire, que peu de temps avant sa mort, Proudhon a entrevu le principe supérieur, la vérité par excellence, l'IDÉE, comme il l'appelle, servant de base au droit réel, telle qu'il a pu la lire dans les œuvres de Colins, auquel, nous ne saurions trop le répéter, on doit la démonstration scientifique de l'existence réelle, immatérielle, éternelle des âmes.

De cette conviction, à la probabilité de la fiction que nous avons employée dans notre dernier dialogue, il n'y a qu'un pas; et cependant nous voulons éviter le reproche d'avoir prêté à Proudhon une conversion que rien n'a prouvé avoir réellement eu lieu où avoir positivement existé dans sa pensée.

Chacun pourra donc interpréter au gré de ses propres impressions ce que nous avons supposé ; et ce qu'il ne fera pas immédiatement, nous savons bien qu'il l'accomplira plus tard, lorsqu'il cessera d'être l'esclave de ses préjugés.

Ce sera le plus bel hommage que nous puissions voir rendre à la mémoire du regretté Colins.

FIN.

19

ERRATA.

—

Page 7, ligne 14, *au lieu de* cessionnaires, *lisez* cessionnaire.

» 10, ligne 24, *au lieu de* cette, *lisez* cet.

» 17, ligne 18, *au lieu de* prémices, *lisez* premisses.

» 108, ligne 2, *au lieu de* du, *lisez* de.

» 148, ligne 19, *au lieu de* nation, *lisez* notion.

» 148, lig. 20, *au lieu de* notion, *lisez* nation.

TABLE DES MATIÈRES.

Pages.

Préface.

1er DIALOGUE. Discussion sur une lettre de
Colins à Proudhon. — Nature de l'homme. — Ame. — Sensibilité. — Raisonnement. — Liberté. — Automatisme .   9

2e DIALOGUE. Justice. — Sanction ultra-
vitale. — Foi religieuse. — Triple foi
de Proudhon . . . . . . ,   28

3e DIALOGUE. Objection contre cette triple
foi. — Méthode sérielle de Proudhon. —
Discussion. — Qu'est-ce que la vie ? .   48

4e DIALOGUE. Qu'est-ce que l'âme ? — Individualités. — Personnalités. — Existence des immatérialités   71

5e DIALOGUE. Foi conjugale. — Amour de
bête. — Amour de l'homme. — Droits
et devoirs de la femme. — Discussion
sur ce sujet   94

6e DIALOGUE. Mariage. — Famille. — Le
mariage est la véritable religion, c'est la
justice suivant Proudhon. — Discussion
à ce sujet   112

7e DIALOGUE. Organe de la justice. — Réalisation animique. — L'organe de la justice c'est le couple conjugal suivant Prou-

Pages.

dhon. — Discussion 124

8e DIALOGUE. La femme.— Sa supériorité
sur l'homme. — Discussion. — Réfuta-
tion de Colins sur le mariage, sur la foi
juridique. 138

9e DIALOGUE. Foi politique.—Justice dans
la révolution. — La justice principe
souverain de la société. — Discussion.
— Souveraineté du raisonnement. — Il
est l'essence de l'humanité 151

10e DIALOGUE. Sanction ultra-vitale.—Religion basée sur une foi. — Religion basée sur la raison, sur la science. — Matérialisme, néant de la liberté. . . . 170

11e DIALOGUE. L'homme garantit l'homme
suivant Proudhon. — Discussion. — Le
péché prouve la liberté. — Discussion
pour établir la sanction de l'éternelle justice. — Discussion sur la justice définie
par Proudhon 187

12e DIALOGUE. De l'église. — Scepticisme.
— Pyrrhonisme. — Le moi 214

13e DIALOGUE. Le bien.—Le mal. — Science. — Conscience 239

14e DIALOGUE. Résumé par Colins de sa doctrine. — Anéantissement de la série continue des êtres. — Démonstration de
l'existence des âmes. — Sanction ultra-
vitale 261

CONCLUSION 285

www.ingramcontent.com/pod-product-compliance
Lightning Source LLC
Chambersburg PA
CBHW070747270326
41927CB00010B/2094